NASZA KLASA

TADEUSZ SŁOBODZIANEK

NASZA KLASA

HISTORIA W XIV LEKCJACH

słowo/obraz terytoria

OSOBY

DORA (1920–1941)

ZOCHA (1919–1985)

RACHELKA, potem MARIANNA (1920–2002)

JAKUB KAC (1919–1941)

RYSIEK (1919–1942)

MENACHEM (1919–1975)

ZYGMUNT (1918–1977)

HENIEK (1919–2001)

WŁADEK (1919–2001)

ABRAM (1920–2003)

LEKCJA I

WSZYSCY *śpiewają*
Ćwierkają wróbelki
od samego rana:
ćwir, ćwir, dokąd idziesz,
dziecino kochana?

A dziecina na to
śmieje się wesoło:
szkolny rok się zaczął,
więc idę do szkoły!

ABRAM
Nazywam się Abram.
Zawód tatusia – szewc.
Chciałbym być szewcem.
Jak mój tatuś Szlomo.

HENIEK
Jestem Heniek.
Zawód ojca – rolnik.
Chciałbym być strażakiem.

RACHELKA
Jestem Rachelka.
Zawód taty – młynarz.
Chcę zostać lekarzem.
Jak mój wujek Mosze.

JAKUB KAC
Jakub Kac.
Zawód taty – kupiec.
Chciałbym być nauczycielem.

WŁADEK
Władek.
Zawód ojca – rolnik.
Chciałbym być furmanem.

MENACHEM
Menachem.
Zawód ojca – rzeźnik.
Też furmanem.

ZYGMUNT
Zygmunt.
Ojciec – murarz.
Ja – wojskowym.

ZOCHA
Jestem Zocha.
Zawód matki – służąca.
Chcę zostać krawcową.

DORA
Dora.
Zawód ojca – kupiec.
Ja – artystką filmową.

RYSIEK
Jestem Rysiek.
Ojciec – murarz.
Ja – pilotem.

WSZYSCY
Panie pilocie –
dziura w samolocie!
Drzwi się otwierają!
Goście wypadają!

LEKCJA II

WSZYSCY *śpiewają i bawią się*
Mam chusteczkę haftowaną,
co ma cztery rogi,
kogo kocham,
kogo lubię,
rzucę mu pod nogi.

Tej nie kocham,
tej nie lubię,
tej nie pocałuję,
a chusteczkę haftowaną –
tobie podaruję.

RYSIEK
Podobało mi się w szkole. Dużo się działo. Koledzy mnie lubili, a ja lubiłem ładne koleżanki. Jedna Żydówka tak mi się spodobała, że naperfumowałem kawałek różowego papieru, wyciąłem serce, napisałem wiersz i włożyłem jej do tornistra.

DORA
Zobaczyłam, że Rysiek grzebie w moim tornistrze. Przestraszyłam się. Podbiegłam i znalazłam to serce. Lubiłam Ryśka. Głupi był trochę, ale przystojny. Jak tak stałam z tym sercem w ręku, podszedł Menachem i przeczytał głośno.

MENACHEM
To serce wie –
jak kocham cię!

JAKUB KAC
Wtedy ja powiedziałem: Mazełtow, Rysiek!

WSZYSCY
Mazełtow!

RACHELKA
Chupa!

WSZYSCY
Chupa!

WŁADEK
Maca!

WSZYSCY
Maca!

ZOCHA
Macewa!

WSZYSCY
Macewa!

HENIEK
Menora!

WSZYSCY
Menora!

ABRAM
Mohel!

WSZYSCY
Mohel!

ZYGMUNT
Lachaim! Szołem Alejchem! Łaba daj!

WSZYSCY
Lachaim! Szołem Alejchem! Łaba daj!
wszyscy odstawiają „żydowskie wesele"

RYSIEK
Cała nasza klasa naśmiewała się ze mnie. Wszyscy. Polacy i Żydzi. Zabolało mnie to.

DORA
Przykro mi było. Ale co mogłam zrobić?

LEKCJA III

JAKUB KAC
W 1935 roku wydarzyło się coś, co odmieniło los nas wszystkich. Płakali wszyscy. A najwięcej Żydzi. W celu uczczenia tego smutnego wydarzenia urządziliśmy akademię patriotyczną opartą o poemat żałobny Marcina Wichy „Serce Marszałka". Koledzy i Koleżanki. Szanowna Nasza Klaso! Powtórzmy wszystko jeszcze raz. Tylko pięknie i równo. Cała szkoła będzie jutro na nas patrzeć! Nasi rodzice. Nasi nauczyciele. I sam pan kierownik Pawłowski! Proszę, Dorka. Zacznij.

WSZYSCY
Popatrz, mamo, to ułani!
Może jadą na paradę?
Tacy piękni, malowani,
tylko twarze mają blade...

Ptak zaśpiewał gdzieś wysoko,
ale konie dziś nie skaczą.
Śmiech nie dźwięczy, nie lśni oko...
Mamo, czemu wszyscy płaczą?

Popatrz, Haniu, trumna biała.
Orzeł skrzydłem ją nakrywa.
Wie już o tym Polska cała,
że Marszałek w niej spoczywa.

Był największym wśród rycerzy,
chociaż mundur nosił szary,
a dziś w białej trumnie leży
i przez Kraków jedzie stary.

Idzie Pani Marszałkowa,
Pan Prezydent przy niej kroczy.
Obok Wanda i Jagoda,
przecierają smutne oczy.

On nas bronił w bitwach wielu,
wielu w życiu zaznał bólów,
niech odpocznie na Wawelu
zaliczony między królów.

Stamtąd jeszcze świat usłyszy,
po najdalsze aż krainy:
Śmierć zabrała nam Marszałka,
lecz żyć będą jego czyny!

HENIEK
Pan Marszałek, nożem chrzczony,
lubił złoto, miał trzy żony,
nic nikomu nie dał,
Polskę Żydom sprzedał!

JAKUB KAC
Tego nie ma w poemacie! Dlaczego, Heniek? Takie brudy o Marszałku?!

WSZYSCY
Kto? Co? – Marszałek.
Kogo? Czego? – Marszałka.
Komu? Czemu? – Marszałkowi.
Kogo? Co? – Marszałka.
Z kim? Z czym? – Z Marszałkiem.
O kim? O czym? – O Marszałku.
Wołacz – O! – O Marszałku!

HENIEK
Rycerz Niepokalany! Zakrystia! Ministrant!

WSZYSCY
Kto? Co? – Ministrant.
Kogo? Czego? – Ministranta.
Komu? Czemu? – Ministrantowi.
Kogo? Co? – Ministranta.
Z kim? Z czym? – Z Ministrantem.
O kim? O czym? – O Ministrancie.
Wołacz – O! – O Ministrancie!

HENIEK
Ksiądz Gienio! Wikary! Żydzi na Madagaskar!

WSZYSCY
Kto? Co? – Madagaskar.
Kogo? Czego? – Madagaskaru.

Komu? Czemu? – Madagaskarowi.
Kogo? Co? – Madagaskar.
Z kim? Z czym? – Z Madagaskarem.
O kim? O czym? – O Madagaskarze.
Wołacz – O! – O Madagaskarze!

ABRAM
Sza, spokój! Kochana Nasza Klaso! Drogie Koleżanki! Szanowni Koledzy!
Z wielkim żalem muszę pożegnać się. Wyjeżdżam. Ale nie na Madagaskar. Tylko uczyć się do Ameryki! Tak zadecydował nasz rabin i mój
dziadek Chaim, i dziadek Jakub, babcia Róża i babcia Feiga.

JAKUB KAC
Jak to? Dlaczego? A nasz Związek? Bund?
nuci
Tsuzamen, tsuzamen, di fon zi is greyt!
mówi
Mieliśmy nigdzie nie wyjeżdżać! Tu mieliśmy...

ABRAM
Mój tatuś Szlomo i moja mamusia Esterka.

JAKUB KAC
A Mickiewicz? Dalej bryło z posad świata!?

MENACHEM
Zostaw, Jakub Kac! Abram może jechać do Ameryki? Niech Abram
jedzie do Ameryki. Każdy by chciał do Ameryki!

JAKUB KAC
A co ty wiesz, wieśniaku!? Ty się i do Ameryki nie nadajesz. Ty się
najwyżej do kibucu nadajesz! Kaktusy na pustyni sadzić!

RACHELKA
Sza, Żydzi, sza! Nie kłóćcie się! Spokój, Menachem! I spokój, Jakub Kac!
Każdy ma jedno przeznaczenie. Abram jedzie do Ameryki i to jest to
jedno przeznaczenie Abrama. I git.

WSZYSCY
Trzy małe okręty,
bezmiar oceanów,

Krzysztofie Kolumbie,
lepiej się zastanów.

Lecz Kolumba wiodła
Opatrzności ręka,
znajdzie Amerykę,
kto się burz nie lęka.

LEKCJA IV

HENIEK
Koleżanki i koledzy, zgodnie z rozporządzeniem Pana Ministra Oświaty chciałbym, abyśmy zmówili modlitwę katolicką, w związku z czym proszę kolegów Żydów i koleżanki Żydóweczki o przeniesienie się do ostatnich rzędów.
Rachelka, Dora, Menachem i Jakub Kac przesiadają się
Dziękuję uprzejmie.
W Imię Ojca i Syna, i Ducha Świętego...

POLACY
Amen.

HENIEK
Wierzę w Boga Ojca Wszechmogącego...

POLACY
Stworzyciela nieba i ziemi.
I w Jezusa Chrystusa,
Syna Jego Jedynego, Pana Naszego,
który się począł z Ducha Świętego,
narodził się z Maryi Panny...

MENACHEM *szeptem do Dory*
A w Łomży w kinie „Łomża"...

POLACY
Umęczon pod Ponckim Piłatem,
ukrzyżowan, umarł i pogrzebion...

MENACHEM *szeptem do Dory*
Grają „Brunetki, blondynki"...

POLACY
Zstąpił do piekieł.
Trzeciego dnia zmartwychwstał;
wstąpił na niebiosa,
siedzi po prawicy...

MENACHEM *szeptem do Dory*
To jest fest film... Z Kiepurą... Bardzo seksualny... A ja mam nowy rower...

DORA *szeptem*
Głupi jesteś...

ZYGMUNT
Przepraszam, kolego Menachemie, koledze przeszkadza, jak się modlimy?

MENACHEM
Mi nie przeszkadza. Ja jestem niewierzący...

HENIEK
Ale my tu jesteśmy wierzący, kolego Menachemie...

JAKUB KAC
Doprawdy? Wszyscy? A w co? Jaka wiara karze napadać na żydowski sklep? Wybijać kamieniami okna? Przewracać beczki i słoje? Deptać po śledziach i kwaszonej kapuście? Jaka wiara, Władek, każe rzucać kamieniem w moją siostrę i rozbić jej głowę?

RACHELKA
Władek rzucił kamieniem w kobietę? Co by powiedział na to pan Skrzetuski?

WŁADEK
A bo wrzeszczała jak nieludzkie stworzenie...
do Jakuba Kaca
W ciebie rzucałem, ale nie trafiłem.

JAKUB KAC
To jest wielki wstyd, Władek. To jest taki wstyd, że o tym dowie się cały świat, bo ja o tym napiszę do Abrama. A właśnie dostałem list od Abrama.

ZYGMUNT
I co takiego Abram napisał?

ABRAM
Drogie Koleżanki! Szanowni Koledzy! Cała Nasza Klaso!
W pierwszych słowach mego listu donoszę Wam, że dnia 18 sierpnia 1938 roku po długiej, acz ekscytującej podróży na statku „Batory" dopłynąłem do Ameryki! To było niezwykłe uczucie, gdy po wielu tygodniach morskiej podróży w zatłoczonej kajucie wyłoniła się zza horyzontu Statua Wolności. Wszyscy na statku oszaleli. Krzyczeli i cieszyli się. Następnym przeżyciem było przejście przez punkt graniczny na Ellis Island. Czekałem wraz z tysiącami uciekinierów z całego świata. Żydów, Włochów, Irlandczyków i Azjatów. Czekaliśmy przez dwa dni w kolejce na decyzję, czy zostaniemy odesłani z powrotem, czy też przyjęci do nowego świata. Kiedy przyszła nareszcie moja kolej i urzędnik zapytał:
– What's your name?
– Abram Piekarz – odpowiedziałem.
– Abram what?
– Piekarz – powiedziałem i dodałem po angielsku – Baker.
– OK! – powiedział i napisał: „Abram Baker".
I tak to, Moi Drodzy, wasz Abram Piekarz został Abramem Bakerem! Jaki z tego wniosek? Trzeba uczyć się, uczyć i uczyć. Zwłaszcza języków obcych, a szczególnie angielskiego. Dzisiejszy świat tego wymaga. Pamiętajcie Moi Drodzy Koledzy i Moje Szanowne Koleżanki! Wasz na zawsze – Abram Baker
PS. Niech czuwa nad Wami Bóg Wszechmogący!

MENACHEM *do Dory*
To co? Jedziemy do kina? Moim nowym rowerem?

DORA
Wiesz, co ojciec powiedział? Ojciec powiedział: Jak cię zobaczę z Menachemem na tym jego nowym rowerze, to zostaniesz tam na dłużej! Pojedź z Zochą.

ZOCHA
Co z Zochą?

DORA
Chcesz pojechać do kina z Menachemem? Na tym jego nowym rowerze?

ZOCHA
A na co?

MENACHEM *śpiewa*
Brunetki, blondynki,
ja wszystkie was dziewczynki...

ZOCHA
Z Kiepurą? Chcę!

ZYGMUNT
Zocha jedzie z kolegą Menachemem do kina! Na tym jego nowym rowerze. Na film z Kiepurą. A mnie kolega nie da się przejechać? Szkoda koledze nowego roweru?

POLACY *biją i kopią Menachema*
Ja jadę na tym nowym rowerze Menachema.
Ty jedziesz na tym nowym rowerze Menachema.
On/ona/ono jedzie na tym nowym rowerze Menachema.

My jedziemy na tym nowym rowerze Menachema.
Wy jedziecie na tym nowym rowerze Menachema.
Oni/one jadą na tym nowym rowerze Menachema.

JAKUB KAC
Bandyci, jeszcze tego pożałujecie!

HENIEK
Koledzy i koleżanki, nie skończyliśmy modlitwy. Tak nie wypada.
kontynuuje modlitwę
Siedzi po prawicy Boga Ojca Wszechmogącego.

POLACY
Stamtąd przyjdzie sądzić żywych i umarłych,
a królestwu jego nie będzie końca.
Wierzę w Ducha Świętego,
święty Kościół powszechny,
świętych obcowanie,
grzechów odpuszczenie,
ciała zmartwychwstanie,
żywot wieczny.
Amen.

LEKCJA V

JAKUB KAC
Ale zamiast Jezusa Chrystusa sądzić żywych i umarłych przyszedł Józef Stalin.

HENIEK
Żydzi zbudowali bramy powitalne na cześć Armii Czerwonej.

WŁADEK
Czerwone flagi na domach wywiesili i Żydzi, i Polacy!

ZYGMUNT
Mój ojciec wywiesił biało-czerwoną!

ZOCHA
Jechali na takich chudych szkapach.

RACHELKA
Sama skóra i kości, aż żal było patrzeć.

MENACHEM
Żarły te kwiaty, cośmy im rzucali.

ZOCHA
A Sowieci bili te biedne konie do krwi.

DORA
Z zazdrości, że konie mają co jeść.

RYSIEK
Ze sklepów wynosili dosłownie wszystko!

WŁADEK
Oficerowie chodzili obwieszeni kiełbasami!

RYSIEK
Szklarzowi zabrali cały kit.

ABRAM
Myśleli, że to chałwa?

WŁADEK
Potem ten kit walał się wszędzie na ulicy.

HENIEK
Dom Katolicki przerobili na kino „Aurora".

WŁADEK
W dniu otwarcia spotkała się nasza klasa.

JAKUB KAC
Towarzysze i Towarzyszki! Drodzy Koledzy i Miłe Koleżanki!! Oto nad-
szedł dzień, na który czekaliśmy. Oto i do nas zawitała najważniejsza ze
sztuk. Jak powiedział Wielki Lenin o kinematografie. A teraz i my dzięki
Wielkiemu Stalinowi mamy kino „Aurora", czyli „Jutrzenka". Witaj,
Jutrzenko Wolności! A jak było? Niech przemówi Poeta.
Menachem przebrany za Majakowskiego i Zocha za Szkapę

MENACHEM
Włodzimierz Majakowski.

Dobre obchodzenie się z końmi.

Biły kopyta.
Jakby grały na nutę:
– Grzeb.
Grób.
Grad.
Grud. –

Wiatrem opita,
lodem obuta,
ślizgała się ulica.

Czworgiem nóg na lód
koń gruchnął
i od razu
śmiech zarechotał, zadzwonił:

– Szkapa upadła! –
– Upadła szkapa! –

Tylko ja jeden
nie wmieszałem głosu swego w ryk i drwinę.
Podszedłem blisko
i widzę
żałosne oczy szkapine...

„Koniu, nie trzeba.
Posłuchaj, bracie –
dlaczego myślisz, żeś gorszy od nich?
Dzieciaczku, wszyscyśmy końmi po trosze,
każdy z nas na swój sposób ciągnie".

Szkapa zerwała się,
wstała na równe nogi,
zarżała
i ruszyła.

Ogonem wymachiwała.

Ryży dzieciaczek.

Przybiegła wesoła,
u żłobu stoi na nowo.
I wciąż jej się zdaje –
że znów jest źrebaczkiem,
i żyć warto,
i warto pracować.

JAKUB KAC
Towarzysze i Towarzyszki! Drodzy Koledzy i Miłe Koleżanki! Żyć warto
i warto pracować! Jeszcze raz dziękuję. A teraz, zanim przejdziemy do
części dalszej, czyli poczęstunku i potańcówki, oddaję głos kierowni-
kowi kina „Aurora".

MENACHEM
Jak powiedział towarzysz Kac, tu, w byłym Domu Katolickim, będzie
kino „Aurora" i jako jego kierownik obiecuję, towarzysze, że nudzić się
nie będziecie. Już jutro zapraszam na dzieło, które wstrząsnęło świa-
tową kinematografią: „Październik" Eisensteina. W następnym tygodniu
pokażemy komedie „Świat się śmieje", „Cyrk" i „Gorączka złota"...

RYSIEK
A „Brunetki, blondynki..."?

MENACHEM
Będą i „Brunetki, blondynki..." Jest tylko prośba do wszystkich, aby uzupełnić stan widowni w kinie miejscami do siedzenia i najlepiej przynieść trochę krzeseł i ławek z kościoła, który zapewne i tak wkrótce ulegnie likwidacji...
Rysiek idzie do wyjścia

JAKUB KAC
Gdzie idziesz, Rysiek?

RYSIEK
Precz z żydokomuną! Niech żyje Polska!
Wychodzi.

JAKUB KAC
Smutna sprawa, towarzysze! Przejdźmy do spraw weselszych. Do potańcówki. W kwestii organizacyjnej. Piwo jest darmowe i na każdego przypadają dwie flaszki. Piwo Ryśka pozostanie niewykorzystane.
włącza gramofon, słychać sowiecki walczyk, wszyscy tańczą

MENACHEM *do Dory*
Zatańczysz?

DORA
Nic dobrego z tego nie wyniknie, Menachem.

MENACHEM
Wyniknie, wyniknie.

DORA
Będziemy mieli dziecko, Menachem.

MENACHEM
Fajnie. Weźmiemy ślub. Teraz ślub kosztuje trzy ruble i nikogo nie trzeba pytać o zgodę.

DORA
A rozwód ile?

MENACHEM
Rozwód pięć.

DORA
Jesteś głupi.

MENACHEM
A ty mądra.

WŁADEK *do Rachelki*
Zatańczysz, Rachelka?
tańczą
Ja ci powiem, Rachelka! Mnie się nawet ten Sojuz podoba. Nie ma
bogatych i biednych. Nie ma tych wszystkich przesądów. Żyd z Polakiem
mogą napić się piwa. I zatańczyć sobie. I nikomu to nie przeszkadza. Ja
to nienawidzę tych złodziejów w sutannach. Wszystko przez nich.

RACHELKA
Lepiej ty, Władek, już tańcz.
Heniek i Zygmunt podchodzą do Zochy

ZYGMUNT
Zwariowałaś, Zocha? Co to było?

HENIEK
Ta szkapa, Zocha!

ZOCHA
To nie była szkapa!

ZYGMUNT I HENIEK
A co to było, Zocha?

ZOCHA
Polska.

ZYGMUNT I HENIEK
Zatańczysz?

ZOCHA
Z obydwoma?

ZYGMUNT
A którego wolisz?

ZOCHA
Oba jesteście takie same chamy. Tylko Heniek przystojniejszy.
tańczy z Heńkiem. Zygmunt podchodzi do Jakuba Kaca

ZYGMUNT
Zdrowie!

JAKUB KAC
Zdrowie!
stukają się butelkami
Ja ci powiem, Zygmunt. Trzeba żyć i innym dać żyć. A nikomu nic złego się nie stanie. Co było, a nie jest, nie pisze się w rejestr. Jesteśmy koledzy, tak? Czy nie?
do wszystkich
I tańczymy, towarzysze, i raz, dwa, trzy! Raz, dwa, trzy!
do Zygmunta
A co Rysiek sobie myśli? Że taki bohater z niego?
do wszystkich
A teraz śpiewamy!
intonuje
Sziraka strana maja radnaja...
Wszyscy śpiewają.

LEKCJA VI

RYSIEK
Wcale nie chciałem być bohaterem. Tylko nie mogłem patrzeć, jak nas Polaków poniżają!

ZYGMUNT
Ojca wzięli od razu. Za tę biało-czerwoną flagę. Nigdy nie miałem z nim porozumienia. Bił mnie o byle co. Matkę też. A teraz musiała się ukrywać. Ja też. Pomyślałem, ile mam się tak ukrywać? Całe życie?

WŁADEK
Sojuz jednak przestał mi się podobać i doszedłem do wniosku, że trzeba walczyć. Przygotować powstanie. Gromadzić broń. Byłem przecież Polakiem. Powiedziałem o tym matce. Wzięła siekierę i powiedziała, żebym najpierw ją zabił tą siekierą, a potem wziął i robił powstanie.

HENIEK
Założyliśmy organizację podziemną „Orzeł Biały".

ZYGMUNT
Rozdawali sowiecką konstytucję. Wziąłem raz i przeczytałem. I znalazłem, co chciałem. Że w Sojuzie syn nie odpowiada za ojca. Pożyczyłem od księdza papier kancelaryjny i napisałem list do Stalina.

JAKUB KAC
Przyszedł list od Abrama.

ABRAM
Drogie Koleżanki! Szanowni Koledzy! Cała Nasza Klaso!
Co u Was słychać dobrego? Co złego cały świat wie, ale ja, Wasz Abram, chciałem wiedzieć, co słychać u Racheli i Dory, a także Zochy? Czy wyszły za mąż? Czy mężów mają dobrych i pracowitych? Zwłaszcza Rachelka, w której jako młodzieniec kochałem się? A co u Ciebie, Jakubie Kac? I co porabia nasz przystojny Menachem? Czy nadal kochają się w nim wszystkie panny? Co wreszcie u czterech muszkieterów: Zygmunta, Ryśka, Heńka i Władka?
Ja uczę się i studiuję. Nauka idzie mi dobrze. Mam też żonę, Deborah, która spodziewa się naszego pierwszego potomka.
Pamiętajcie o mnie. Zawsze Wasz – Abram

RACHELKA
Co za wiadomość! Abram kochał się we mnie jako młodzieniec! Co miałam zrobić z taką dobrą wiadomością?

ZOCHA
Dobra, pomyślałam. Nie ma co. I wyszłam za mąż za Olesia. Stary był. Nic ode mnie nie chciał i matka umówiła się z nim, że zapisze mi po śmierci gospodarkę. Nie było tego dużo, ale zawsze coś. A na co miałam czekać?

ZYGMUNT
Udało się. Z Moskwy odesłali list do naszego NKWD i powiadomili mnie, że moja sprawa będzie rozpatrzona i że mam się zgłosić. Poszedłem. Przyjął mnie sam major. Poczęstował papierosem i powiedział po polsku: Ja bardzo rad z wami poznać się, pan Zygmunt. I zapytał mnie, co myślę o tej akademii w kinie „Aurora", Ryśku i Mazurku Dąbrowskiego, który major odśpiewał z pamięci ze wszystkimi zwrotkami. Długo dyskutowaliśmy, dlaczego Żydzi tak łatwo poddają się obcym wzorom, a Polacy są takimi gorącymi patriotami. Zaproponował mi pseudonim Popow.

RYSIEK
Postanowiliśmy zastrzelić na początek jednego majora z NKWD. Nie pamiętam, czyj to był pomysł. Chyba mój. Mieliśmy wszystko gotowe. Metę. Broń. Na wszelki wypadek nie nocowałem już w domu. Wieczorem popiliśmy trochę z Zygmuntem i Heńkiem.

HENIEK
Ostro popiliśmy. Zygmunt przyniósł bimber. Dobry. Na suszonych śliwkach. Śpiewaliśmy pieśni księdza Mateusza ze zbioru „Śpiewnik antysemity" i płakaliśmy.

POLACY *śpiewają*
Boże! Coś Polskę przez tak liczne wieki,
Bronił od Szwedów, Turków i Tatarów,
Coś ją wyzwolił z niemieckiej opieki,
I na proch starłeś kajzarów i carów,
Przed Twe ołtarze zanosim błaganie,
Polskę od Żydów racz wyzwolić, Panie...

RYSIEK
Strasznie się upiłem. Nawet nie wiedziałem, kiedy Zygmunt i Heniek poszli.

JAKUB KAC

Przyszli do mnie w nocy. Z NKWD. Kazali się ubierać i nie brać rzeczy. Pomyślałem, że mnie biorą na rozstrzelanie. Nic nie mówili. Czuć było od nich spirytus. No i strasznie śmierdziały ich kożuchy. Była zima i dużo śniegu napadało. Kazali siadać na saniach i pojechaliśmy do lasu. Trząsłem się z zimna i ze strachu. Dali mi jakiś stary koc. Boże! Za co? Za to, że nie napisałem w raporcie z otwarcia kina, że Rysiek krzyknął: Jeszcze Polska nie zginęła!? Boże! A może za ten list, który przyszedł z Ameryki od Abrama? Przyjechaliśmy do jakiejś leśniczówki. Wyprowadzili z niej Ryśka i zapytali mnie: Kto to? Powiedziałem, że Rysiek. A co miałem powiedzieć? Rysiek spojrzał na mnie i powiedział coś, ale nie usłyszałem co. Zobaczyłem tylko, że jeden z enkawudzistów uderzył go kolbą karabinu w twarz i Rysiek zalał się krwią.

RYSIEK

Przywieźli mnie do swojego biura i pytają: Jak się nazywasz? Ja, że tak i tak. Oni: Kłamiesz. Nazywasz się Jesion i jesteś dowódcą nielegalnej organizacji terrorystycznej „Orzeł Biały". Ja na to, co wy? Wtedy jeden wziął zza pieca pałkę leszczynową, rzucili mnie na podłogę, zatkali mi usta moją czapką, jeden usiadł na nogach, drugi trzymał za głowę, a trzeci zaczął bić, tak bić, aż z czapki zostały dosłownie kawałki. Wtedy posadzili mnie na taborecie przy ścianie, złapali za włosy i zaczęli bić głową o ścianę tak, że myślałem, że nic z głowy nie zostanie. Całe kępy włosów wyrywali. I cały czas mówili, żebym się przyznał i powiedział, kto jeszcze do naszej organizacji należy. Pomyślałem, że jak powiem, to innych będą tak samo bili. To już lepiej niech cierpię sam. Nie wiedziałem, że człowiek może tyle wytrzymać.

ZYGMUNT

Musiałem kogoś poświęcić. Heniek by tego nie wytrzymał. Już nie mówiąc o Władku. Rysiek zawsze był twardy.

HENIEK

Miałem szczęście. Kiedy wracaliśmy z leśniczówki, Zygmunt powiedział, żeby nie nocować w domu. Na wszelki wypadek. Nie nocowałem. Jak wzięli Ryśka, nie nocowałem w domu już więcej. Wyjechałem na wieś i mieszkałem u różnych księży. Raz tu, raz tam. Pomagałem w kościele. W zakrystii. Na plebanii. Aż do przyjścia Niemców.

WŁADEK

Po tym, co się stało z Ryśkiem i jak Zygmunt z Heńkiem musieli się ukrywać, przyznałem matce rację. Doszedłem do wniosku, że chyba jeszcze nie dojrzeliśmy do wybuchu powstania. Też się zresztą na wszelki wypadek trochę ukrywałem.

RACHELKA

Ojcu zabrali młyn i upaństwowili. Dyrektorem młyna zrobili jakiegoś Sowieta z trzema klasami. Równo po miesiącu młyn przestał chodzić. Wezwali ojca. Okazało się, że zatarli turbinę. Szwajcarską. Francisa. Ojciec sprowadził ją w trzydziestym siódmym z Zurychu. Kosztowała więcej niż nowy Mercedes. Pięć tysięcy dolarów. To był nasz największy skarb. Ojciec nie mógł tego wytrzymać. Zmalał, sczerniał, zaczął chorować i po kilku tygodniach umarł. Jakby się rozpłynął w powietrzu. Zaczęłam się uczyć niemieckiego.

MENACHEM

Zacząłem nienawidzić tego wyświetlania filmów. W centrali nie można było się doprosić o nowe tytuły. Jeździłem w delegację do Białegostoku, raz byłem w Wilnie, raz we Lwowie. Było przyjemnie: kolacje, hotele, wielbiciele kina. I wielbicielki. Ale ile razy można oglądać „Świat się śmieje", „Pancernika" czy nawet Chaplina? Nie ma takiej władzy na świecie, która zmusiłaby człowieka, żeby poszedł do kina drugi raz na ten sam film.

DORA

Bałam się. Coraz więcej bałam się. Menachem wracał coraz później. I zawsze pijany. Kłóciliśmy się, bo dzieciak wciąż chorował. Znowu jesteś pijany, ty cholerny idioto!

MENACHEM

Przestań, maleńka, bo się z tobą rozwiodę!

DORA

To rozwiedź się w końcu i wynoś się do tych swoich dziwek!

RYSIEK

Jednej nocy, był już marzec albo kwiecień, bo ziemia odmarzła, wzięli mnie na furmankę we trzech, zawieźli do lasu, dali łopatę i kazali kopać dół. Tu już zostaniesz, powiedzieli. Zacząłem kopać. Bez słowa. Spojrzałem raz na niebo. Całe było w gwiazdach. Zobaczyłem, przez jedno mgnienie, Wielki Wóz i Gwiazdę Polarną. I zrobiło mi się wszystkiego strasznie żal. A najbardziej siebie. Że muszę w tak młodym wieku umierać. I przez kogo? Kolegę z klasy. Jakuba Kaca. Wykopałem dół i mówię do nich, że wykopałem. Dobra, mówi lejtnant, nie rozstrzela-my ciebie dzisiaj. Pomyśl jeszcze. I przyznaj się. Jak się przyznasz, wrócisz do domu. A jak nie, przywieziemy ciebie tu z powrotem. Dół już gotowy. Poczeka.

JAKUB KAC
To wszystko stało się nie do zniesienia. Ciągle kogoś aresztowali i wy-wozili. Kolejki były po wszystko. Po chleb. Kaszę. Kartofle. Sól. Naftę. Wszystko. Można było oszaleć. Tylko w kinie było pusto. Pomyślałem, że jeżeli tak ma wyglądać ten raj, to ja proszę, żeby to było ostatni raz.

ZYGMUNT
Nie wiedziałem, co z ojcem. Ani z Ryśkiem. Czy dalej siedzą w Czerwo-niaku w Łomży? Czy ich wywieźli na Sybir? Czy rozstrzelali? Tylu ludzi wciąż przepadało bez wieści. Kiedyś wezwał mnie major, żeby o coś spytać, a ja wściekłem się i powiedziałem, że nie dotrzymał słowa, nie wypuścił Ryśka i ojca, i że nie będę dla nich pracował. Niech znajdą sobie kogoś innego. A major uśmiechnął się i powiedział: A co ty, Popow, myślisz, że nie mamy? Że ty jeden donosisz?

WSZYSCY
Naczelnik Kościuszko
wywołał Powstanie,
ruszył na Moskala
w ubogiej sukmanie.

Pojechał na przedzie,
za nim kosynierzy.
Bóg nagrodzi tego,
kto w Ojczyznę wierzy.

LEKCJA VII

JAKUB KAC
W nocy miałem dziwny sen. Okropny. Wychodzę na ganek. W tym śnie. Patrzę, a wszędzie, pod płotem, przy otwartej furtce stoją czarne wilki i szczerzą kły. Boże, myślę, kto im otworzył bramę? Zamykam drzwi, a one pojawiają się w oknach, skaczą wściekłe, łbami tłuką szyby, chwytam pogrzebacz i walę w te łby. Nic nie pomaga. Budzę się. Ktoś wali do drzwi. Serce mi wali ze strachu. Otwieram. Menachem z walizką.

MENACHEM
Jakub, schowaj się, póki to wszystko się nie przewali.

JAKUB KAC
Gdzie ja się mogę schować?

MENACHEM
Nie wiem!

DORA
A ja? A dzieciak? A co z nami, Menachem?

MENACHEM
Dora, nic wam nie zrobią. Nie wychodź z domu. Nie pokazuj się na oczy. Wrócę, jak wszystko się przewali.

DORA
Aj, Menachem, a mówiłam, nie leź, gdzie nie trzeba.

JAKUB KAC
Chciałem mu powiedzieć o liście od Abrama, ale odwrócił się i poszedł. Ogoliłem się. Umyłem. Uperfumowałem. Włożyłem czystą bieliznę, białą świąteczną koszulę i czarny garnitur. Wyczyściłem buty. Do kieszeni włożyłem dokumenty, trochę floty i list od Abrama. Wyszedłem na dwór. Na ulicy nie było dużo ludzi. Stała brama powitalna ze swastyką ułożoną z szyszek. Jakaś taka mizerna. Nasza przed dwoma laty z sierpem i młotem to była brama. Tak pomyślałem i poszedłem dalej. Zobaczyłem ich, jak wychodzili ze Szkolnej. Ich, czyli Władka, Heńka, Ryśka i Zygmunta. Rysiek wyglądał strasznie. Był siny na twarzy.

WŁADEK
Ja zobaczyłem go pierwszy. O, Jakub, powiedziałem.

HENIEK
Jaki Jakub?

ZYGMUNT
Jakub Kac.

JAKUB KAC
Zatrzymali się jakieś dziesięć kroków ode mnie. I patrzyli na mnie. Chciałem im powiedzieć, że przyszedł nowy list od Abrama i że mam go w kieszeni, ale oni tak patrzyli, że zawróciłem i zacząłem uciekać.

RYSIEK
Trzymaj!

ZYGMUNT
Łapaj!

WŁADEK
Bierz go!

HENIEK
Dopadłem go i podstawiłem nogę!

JAKUB KAC
Potknąłem się. Upadłem. Zaczęli mnie kopać!

WŁADEK
Ja nie kopałem.

ZYGMUNT
Doigrałeś się, Jakub Kac!

RYSIEK
Skurwysynu!

HENIEK
Kapusiu!

JAKUB KAC

Co im miałem powiedzieć? Że wszystko było nie tak, jak myślą? Zapytać, o co chodzi? Myślałem, żeby chronić głowę, brzuch, genitalia. Czułem, że pękły mi żebra. Trudno, pomyślałem, to da się wyleczyć. Taka kara za głupotę. Naraz przestali mnie bić. Teraz coś im powiem, myślałem. Ale co mam im powiedzieć? W ustach zbierała mi się jakaś lepka ciecz. Wyplułem ją na dłoń i zobaczyłem, że to krew.

MENACHEM

Byłem schowany w porzeczkach u Pecynowiczów, przed których posesją bili Jakuba Kaca. Widziałem przez sztachety, jak go kopali i jak naraz przestali. I ciężko dyszeli. Jak maratończycy na filmie. Zobaczyłem, jak Jakub powoli wstaje i zaczyna iść. Zataczał się jak pijany.

WŁADEK

Ma dosyć, powiedziałem, zostawcie.

JAKUB KAC

Odejść, myślałem, odejść jak najdalej. Wtedy zostawią mnie w spokoju. Byle odejść. Świeciło słońce. Koń przy furmance patrzył na mnie. Chłop założył mu worek z obrokiem. Zapowiada się dłuższy postój, pomyślałem. Eureka! Prawo Archimedesa! Jakie było prawo Archimedesa?

ZYGMUNT

Podszedłem do płotu Pecynowiczów i wyrwałem sztachetę.

HENIEK

Wyrwałem sztachetę z płotu Pecynowiczów.

MENACHEM

Prawie przed moim nosem wyrywali te sztachety i nie widzieli mnie. W takim byli amoku. Schowałem się w porzeczki i rakiem wycofałem się w drugi koniec ogrodu Pecynowiczów. Pomyślałem, że pójdę lasem do Zochy. Może mnie schowa? Nikogo nie było. Schowałem się w chlewie. Za jakiś czas patrzę, idzie Zocha z wiadrem do świń! Zocha, mówię do niej.

ZOCHA

O Jezus, co ty tu, Menachem, robisz?

MENACHEM
Schowaj mnie, Zocha, szukają mnie...

ZOCHA
Kto ciebie szuka?

MENACHEM
Zygmunt, Rysiek, Heniek i Władek! Pobili sztachetami Jakuba Kaca.

ZOCHA
Schowaj się na strychu w oborze. Oleś tam nie zagląda.

RYSIEK
Wyrwałem najgrubszą sztachetę, jaka była. Kiedy Kac doszedł do rynku, dogoniłem go i zajechałem w łeb. Zrobił kilka kroków i upadł przed furtką swojego domu.

HENIEK
Uderzyłem go parę razy sztachetą. Połamała się. Spróchniała była.

ZYGMUNT
Zaczęli się zbierać ludzie. Powiedziałem, że to skurwysyn, który wydał Ryśka Sowietom i przez którego mój ojciec umarł na Sybirze. I wielu, wielu innych Polaków. I przywaliłem mu sztachetą.

WŁADEK
Bili go tymi sztachetami, aż zostały z nich drzazgi. Ma już dość, powiedziałem! Ale ktoś z tłumu, jakaś kobieta powiedziała, chyba nie ma. Wszyscy stali i przyglądali się. Kac pazurami skrobał bruk.

JAKUB KAC
Czułem taki ból, że nic już nie czułem. Myślałem, śmiechu warte to wszystko. Byłem dobry z fizyki. Z chemii i matematyki. A nie pamiętam prawa Archimedesa. I umieram koło własnej furtki.

RYSIEK
Męczył się chyba. Nie mógł umrzeć. Zrobiło mi się go żal. Przy samej furtce bruk był poluzowany. Wziąłem kamień. Tak na oko dziesięć, może piętnaście kilo. I z całej siły, z wysokości, rzuciłem mu na głowę. Chrupnęło i coś ciepłego chlupnęło mi na twarz. Wziąłem na palec. To był mózg Kaca.

WŁADEK
Rysiek oblizał palec, na którym miał krew i mózg Kaca.

HENIEK
Zwymiotowałem.

ZYGMUNT
Coraz więcej ludzi zaczęło się zbierać. Powiedziałem: Proszę państwa, więcej jest takich Kaców w naszym mieście!

RYSIEK
A co z tym kiniarzem Menachemem?

WŁADEK
Muszę do matki. Obiecałem matce i matka czeka. I poszedłem. Ale nie do matki. Tylko do Rachelki. Mówię do niej: Schowaj się gdzieś! Zabili Jakuba Kaca na rynku.

RACHELKA
Kto zabił Kaca? A gdzie ja się schowam, Władek?

WŁADEK
Ja ciebie schowam, Rachelka.

RYSIEK
Umyłem się pod pompą w rynku.

ZYGMUNT
Idziemy do kiniarza. Sprawdziłem kieszenie Kaca. Miał paszport, dziesięć rubli, czystą chusteczkę i ten list od Abrama.

ABRAM
Drogi Mój Kolego Jakubie Kac!
Skończyłem szkołę i już jako świeżo upieczony przyszły rabin zabiłem mojego pierwszego cielaczka. Po południu wszyscy, cała jesziwa, poszliśmy do Battery Park, gdzie odbywały się regaty i z esplanady był dobry widok na Liberty Island ze Statue of Liberty. Chyba cały New York przyszedł, żeby podziwiać żaglowce. Jakie były piękne. Smukłe, pękate, małe, duże, długie, krótkie, trzymasztowe, dwu i jedno. Fruwały na falach. Zapamiętałem, że wyścigi wygrał przepiękny dwumasztowiec o imieniu „Swallow". Jaskółka.

Jak widzisz, ja nie zapominam polski, chociaż teraz moim językiem jest angielski.

A co u Ciebie? Co w Naszej Klasie? Dlaczego nikt nie pisze do mnie?

Pozdrawiam Was mocno – Wasz na zawsze Abram Baker.

PS. Często myślę o Was wszystkich.

LEKCJA VIII

DORA
Byłam wściekła na Menachema. Zawsze, kiedy był potrzebny, nie było go. Dzieciak miał kolkę. Dałam mu herbaty z kopru. Ktoś zapukał. Kto tam?

ZYGMUNT
Wojsko polskie – zażartowałem.

HENIEK
Gdzie Menachem?

DORA
Nie wiem. Wyjechał gdzieś. Bez przerwy wyjeżdża. Spakował walizkę i wyjechał.

RYSIEK
Z Sowietami uciekł?

ZYGMUNT
Strasznie się drze. Połóż spać. Musimy pogadać, Dora.

DORA
Drze się, bo ma kolkę.

ZYGMUNT
Dałaś mu kopru? Weź pokaż.
bierze dziecko na ręce i nuci
Na wojence ładnie,
kto Boga uprosi,
żołnierze strzelają,
żołnierze strzelają,
Pan Bóg kule nosi...
dziecko uspokaja się, Zygmunt wynosi je do kuchni
Będzie dobrze.
To mówisz, Dora, że ten skurwysyn Menachem uciekł z Sowietami. Narobił złego Polakom i uciekł.

DORA
Nic złego nie zrobił. Co takiego zrobił? Wiecie, jak było. Jakub Kac zaczął.

RYSIEK
Kac nic już nie powie. Leży na rynku. A obok jego mózg.

DORA
Zrobiło mi się gorąco.

RYSIEK
O, jak było, Dora!
pokazuje blizny

ZYGMUNT
A ty, Dora, masz blizny po Sowietach?

DORA
Co ty, Zygmunt? Czułam, że się zaczerwieniłam...

RYSIEK
Poczułem, jak kutas mi się naprężył. Aż zabolał. Ucieszyłem się, bo już się bałem, że mi go Sowieciarze uszkodzili na zawsze.

ZYGMUNT
Zobaczymy, jak z tym u ciebie.

DORA
Chwycił mnie za głowę i pociągnął na łóżko. Rysiek zerwał mi bluzkę i spódnicę. Nie miałam nic pod spodem. Byłam w domu. Szarpałam się. Próbowałam kopać. Ale ktoś trzymał mnie za nogi.

HENIEK
Ja trzymałem.

DORA
Krzyczałam, ale poczułam, że robię się wilgotna.

ZYGMUNT
Krzyczała po żydowsku.

DORA
Nein, nein, nein...

ZYGMUNT
Powiedziałem do Ryśka: Mazełtow, Rysiek!

RYSIEK

Rozsunęliśmy z Heńkiem jej uda, rozpiąłem spodnie i na całego zajechałem jej do środka. Prawie od razu wylałem się. Krzyczała. Kutas znowu naprężył się i zacząłem ją ruchać...

DORA

Czułam przyjemność, jakiej dotąd nie znałam.

HENIEK

Od samego patrzenia zlałem się w spodnie.

ZYGMUNT

Jak Rysiek zlazł z niej, powiedziałem: Trzymaj ją. Wlazłem na nią i zajechałem jej. Strasznie się rzucała, ale chłopaki trzymali mocno. Wylałem się i mówię do Heńka: Daj, ja potrzymam, a ty, Heniek, weź i zajedź jej.

HENIEK

Weź przestań, powiedziałem...

ZYGMUNT

No, Dora, sama widzisz. Rysiek ma blizny po Sowietach, a ty nie masz.

DORA

Nic nie mówiłam, żeby ich nie zdenerwować. Cały czas myślałam, żeby się przykryć kapą od łóżka, ale nie zrobiłam tego, bo bałam się, że to ich może zdenerwuje. Leżałam goła, wszystko mnie bolało, ale nic nie mówiłam.

RYSIEK

Otworzyłem kredens. Była tam jakaś kolorowa wódka w karafce. Nalałem do eleganckich, kryształowych kieliszków i wypiliśmy. Po jednym, drugim, trzecim. Z Zygmuntem. Bo Heniek nie pił.

HENIEK

Rzygać mi się chciało.

ZYGMUNT

Dobra, panowie, chodźmy do miasta. Zobaczymy, co słychać.

DORA
I tak zwyczajnie poszli. Zamknęli za sobą drzwi i poszli. Najgorsze było to, że czułam, jak wszystko mnie boli i że ten ból jest przyjemny. Zostałam zgwałcona przez dziką hordę i co? Przyjemność. To mnie dopiero zabolało. Kim jestem? W dodatku nie mogłam zapomnieć, jakie ten Rysiek miał oczy. Dziko piękne. Boże! Uderzyła mnie cisza. Nie słychać dzieciaka. Co mu Zygmunt zrobił? Zerwałam się i pobiegłam do kuchni. Igorek siedział w koszyku, głośno ssał smoczek i uśmiechał się.

WSZYSCY
W paryskim salonie,
gdzie przepych i zbytki
Szopenowi w duszy
grały chłopskie skrzypki.

Mazurki, oberki,
wierzba mazowiecka,
bo on polskie nuty
ukochał od dziecka.

LEKCJA IX

MENACHEM
Siedziałem w tej oborze i wariowałem od upału. Na dole stało wiadro z wodą, więc co chwila złaziłem z tego strychu i piłem. Przyszła Zocha.

ZOCHA
Co ty robisz, Menachem? Czemu nie siedzisz na strychu? Idę do miasta. Zobaczę, co i jak.

MENACHEM
Zobacz, Zocha, błagam. Co z Dorą i Igorkiem? Gorąco strasznie.

ZOCHA
Tylko schowaj się, Menachem, błagam, bo jak cię zobaczy Oleś...

ZYGMUNT
Poszedłem na Rynek 10, żeby zobaczyć, czy gdzieś jakieś papiery się nie walają po NKWD. Czy nie znajdę tego mojego listu do Stalina. O to się najbardziej bałem. Tylko ten list podpisałem jako ja. Wszystko inne jako „Popow". Ale tam już byli żandarmi i po NKWD i papierach nie było śladu. Był nowy burmistrz, który mnie przedstawił Amtskomendantowi, powiedział, że Sowieci zamordowali mojego ojca, że można na mnie liczyć. Amtskomendant, elegancki, starszy gość, Austriak podobno, w wyprasowanym mundurze i w białym jedwabnym szaliku, przyjrzał mi się i powiedział po polsku: Gutt, pomożesz z Żydami zrobić ordung.

WŁADEK
Schowałem Rachelkę na strychu. Nawet matka nie miała pojęcia, że tam jest. Zresztą nie wlazłaby już po tych schodach.

RACHELKA
Siedziałam cicho jak myszka i bałam się oddychać. Gorąco było nie do wytrzymania...

WŁADEK
Poleciałem do miasta. Na rynku Żydzi łyżkami pielili bruk. Dookoła stali chłopi z kijami. Za nimi tłum bab i dzieci. Jak na odpuście. Dooko-

ła rynku młodzi Żydzi na drzwiach od chlewa nosili kawałki pomnika Stalina i śpiewali sowiecką pieśń „Sziraka strana maja radnaja". Na czele szedł rabin i niósł na lasce swoją czapkę. Ledwo szedł. Był upał. Pot lał się ze wszystkich, ale ci, co nieśli te gruzy, choć byli ledwo żywi, szli i śpiewali z ochotą. Muzykanci przygrywali im na harmonii i klarnecie. Aż przykro było patrzeć. Jak jakiś Żyd zostawał trochę z tyłu, któryś z chłopaków walił go kijem albo gumą. Ni stąd, ni zowąd napatoczył się Heniek. Miał w ręku gruby leszczynowy kij.

HENIEK
Co tak stoisz, Władek! Też weź dobrego kija i pomóż w pogrzebie towarzysza Stalina.

WŁADEK
Dobra, powiedziałem, wezmę dobrego kija i pomogę, ale poszedłem na drugą stronę rynku i tylko patrzyłem. Zobaczyłem Zygmunta, jak bije gumą krawca Elusia.

ZYGMUNT
Uciec chciałeś, świński ryju? Zostawić rodzinę i uciec? Tak postępuje mężczyzna? Tak postępuje komunista! Nie mężczyzna. A nie słyszałaś, co rozkazał pan Amtskomendant? Że masz tu siedzieć i czyścić ziemię, którą paskudziłeś swoją obecnością. Dotarło?

WŁADEK
Boże, pomyślałem, co się dzieje? Wróciłem do domu, poszedłem na strych i mówię do Rachelki: Rachelka, siedź tu. Nie chodź nigdzie. Straszne rzeczy się dzieją. Chyba jest pogrom.

RACHELKA
A co z mamusią? Rebeką? Różą?

WŁADEK
Pielą trawę na rynku.

RACHELKA
Władek, pomóż im, błagam.

WŁADEK
Dobra, pójdę, zobaczę. Spróbuję. Ale nawet nie spróbowałem. Bo jak uratować wszystkich?

HENIEK

Zaprowadziliśmy ich do stodoły koło kirkutu. Chłopaki pozwolili im usiąść na ziemi. Wszyscy padli jak nieżywi. Ciężko dyszeli. Orkiestra grała „Ta ostatnia niedziela". Zajrzałem do stodoły. W jednym sąsieku był świeżo wykopany dół. Byli tam Sielawa hallerczyk, Stasiek Kuternoga, Tarnacki, rzeźnik Wasilewski, Oleś, mąż Zochy, stary Walek i Rysiek. Mieli siekiery i długie noże rzeźnicze. Do bicia świń. Walek miał kowalski młot. Boże, pomyślałem.

RYSIEK

Pierwszego przyprowadzili rabina i krawca Elusia. Sielawa kazał im się rozbierać. Rabin trząsł się cały. Zaczęliśmy się śmiać, że tak się trzęsie. Rabin zaczął się śmiać, że my się śmiejemy. Wtedy Sielawa zaszedł go od tyłu i zajechał obuchem siekiery w łeb. Rabin aż podskoczył. I przewrócił się. Wtedy Sielawa wbił siekierę w ziemię, szybkim ruchem wyjął zza pasa nóż, chwycił rabina za brodę i jednym cięciem poderżnął mu gardło. Od ucha do ucha. Chlusnęła krew. Ucz się synu, powiedział. I wytarł nóż w piasek. Wzięliśmy rabina za ręce, za nogi, rozmachaliśmy i wrzuciliśmy do dołu. Krawiec w tym czasie zemdlał. Nie było więc z nim dużo roboty. Potem Sielawa podzielił robotę. Sześciu miało rozbierać Żydów. I potem trzymać. Po trzech na jednego. Dwóch za ręce. Jeden za nogi. Bronek miał głuszyć siekierą, a Walek młotem. A Sielawa z rzeźnikiem kroić gardła. I brzuchy. Żeby ziemia się potem nie ruszała. Niech się i tak cieszą, że zabijamy ich po chrześcijańsku, powiedział Sielawa, a nie tak jak oni bydlątka zarzynają. Aż się same wykrwawią. Ja miałem trzymać za nogi. Jak się zmęczę, to mnie zastąpisz, powiedział Sielawa, a na razie patrz.

HENIEK

Nie mogłem na to patrzeć i wróciłem na rynek.

DORA

Byłam na rynku i skrobałam łyżeczką trawę spomiędzy kocich łbów. Dookoła stał tłum. Sami znajomi. Sąsiedzi. Przyglądali się. Żartowali. Najgorsi byli tacy dwunasto-, piętnastoletni gówniarze. Rzucali kamieniami. Bili kijami. Chcieli gwałcić. Stare baby zaśmiewały się. W dodatku ten upał. Dzieciak darł się. Chciał pić. Mi też chciało się strasznie pić. Zobaczyłam w tłumie Zochę. Zamachałam do niej. Podeszła. Zocha, daj pić!

ZOCHA

Wody?

DORA
Wody. Cokolwiek. Zocha, co to będzie?

ZOCHA
A co ma być? Potrzymają was i puszczą.

DORA
Zocha, weź Igorka. Przechowaj. Boję się. Menachem wróci.

ZOCHA
Ja Igorka, Dora? Co by Oleś powiedział. Nie martw się. Wszystko będzie dobrze.

DORA
Rysiek, Zygmunt i Heniek mnie zgwałcili, Zocha...

ZOCHA
Myślałam, że upadnę. Zrobiło mi się słabo. Odeszłam na bok i poszłam do domu.

DORA
I nawet mi wody nie przyniosła. Koleżanka!

ZOCHA
Po drodze myślałam i myślałam. Co robić? Cudzy dzieciak! Jeszcze tego brakowało. Dałby mi Oleś żydowskiego bachora! Wróciłam na wieś. Menachem czaił się w oborze.

MENACHEM
I co tam, Zocha?

ZOCHA
A co ma być? Biją, gwałcą, dręczą.

MENACHEM
Widziałaś Dorę?

ZOCHA
Gdzie miałam widzieć?

DORA
Przyszedł Zygmunt i powiedział, że mamy ustawić się parami.

ZYGMUNT
Pan Amtskomendant i pan burmistrz w trosce o wasze bezpieczeństwo kazali was zamknąć w stodole. Jutro pojedziecie do getta w Łomży. Sami widzicie, jakie są pretensje o wysługiwanie się Sowietom. Podporządkujcie się rozkazowi. Jak się nie podporządkujecie, to sami widzicie, co się dzieje. Sami sobie będziecie winni.

DORA
Ustawiliśmy się grzecznie parami. Jak w szkole. Na wycieczkę. I grzecznie szliśmy do tej stodoły. Dookoła nas szli sąsiedzi! I sąsiadki zwłaszcza. Krzyczeli: Dobrze wam tak! Bogobójcy! Czorty! Komuniści! O co chodzi? Przecież Zygmunt powiedział, że wywiozą nas do getta w Łomży. Na rogu Cmentarnej stał Rysiek. Brudny. Z obłędem w oczach. Zawołałam: Rysiek! Podszedł i uderzył mnie gumą tak, że o mało nie wypuściłam dzieciaka z rąk.

RYSIEK
Co miałem robić? Wszyscy patrzyli. Było mi jej żal. Naprawdę była ładna.

DORA
Jak wszyscy zmieścili się w tej stodole?

MENACHEM
Całe miasteczko!

ABRAM
Boże! Tysiąc sześćset dzieci, kobiet, starców…

ZYGMUNT
Tysiąc sześćset? W życiu! Jakby ich jak śledzie pokłaść, jednego na drugim, nawet wtedy tyle by się nie zmieściło!

HENIEK
Nie było ich nawet tysiąc. Najwyżej siedemset. A może jeszcze mniej.

DORA
Bili nas, kiedy upychali w tej stodole.

RYSIEK
Strasznie oporni byli niektórzy.

DORA
Ziemia była jak świeżo skopana. Żółty piach i rozrzucona słoma.

RYSIEK
Zakopaliśmy tam tych porżniętych Żydków. I pomnik.

DORA
Było duszno. Upał. Kobiety mdlały. Dzieci darły się. Jak mieliśmy przetrwać noc?

HENIEK
Drzwi zaparliśmy kołkami i podłożyliśmy kamienie. Głazy właściwie.

DORA
Poczuliśmy zapach nafty. Zrobiło się cicho. Ktoś powiedział, że to dezynfekcja.

ZYGMUNT
Naftę lał Wasilewski. Mały i zwinny kurdupel. Jak małpa biegał po dachu. Tylko mu podawaliśmy bańki. Jak już rozlał tę naftę, zrobiłem kawał i odsunąłem po cichu drabinę. Wasilewski zobaczył, że nie ma drabiny, że zapalono pochodnie, zaczął krzyczeć: Dawajcie drabinę, kurwa, kurwa, kurwa! Wrzeszczał jak nieboskie stworzenie. Wreszcie jakoś zeskoczył z tego dachu. Tarzaliśmy się ze śmiechu.

HENIEK
Wszyscy się odsunęli i zapaliliśmy stodołę z czterech stron!

RYSIEK
Ogień dosłownie buchnął! Wiadomo, lato, dach suchy, słomiany.

ZOCHA
To był krzyk, którego nie da się zapomnieć. Boże!

WŁADEK
Czarny dym było widać dosłownie na dziesięć kilometrów.

DORA
Zrobiło się ciemno od dymu. Zaczął się płacz. I krzyk. Potem kaszel.
Dlaczego? Przecież Zygmunt powiedział, że jutro pojedziemy do getta.
Kłamca. Ktoś mnie złapał za włosy i ciągnął. Zgubiłam dzieciaka. Ktoś
mnie uderzył. Oddałam. Ten Rysiek. Dlaczego? Poczułam, że po kimś
depczę. I ktoś depta po mnie. A Menachem pewnie siedzi u jakiejś
dziwki. Zaczęłam kaszlać, dusić się, rzygać. W końcu się zsikałam. To
było życie?

WSZYSCY *śpiewają*
Zachodź już, słoneczko,
skoro masz zachodzić,
bo nas nogi bolą,
po tym polu chodzić.

Nogi bolą chodzić,
ręce bolą robić,
zachodź już, słoneczko,
skoro masz zachodzić.

Żebyś ty, słoneczko,
tak ciężko robiło,
to byś ty, słoneczko,
dawno zachodziło.

LEKCJA X

WŁADEK
Jak się wszystko uspokoiło, zakopaliśmy Żydów koło stodoły, co było bardzo nieprzyjemną robotą, ale co zrobić, ktoś to musiał zrobić, zwłaszcza że pan Amtskomendant powiedział: Spalić Żydów potrafiliście, a myślicie, że kto ich po was posprząta? Zebraliśmy się z łopatami, widłami, siekierami i kilofami, ponieważ Żydzi byli spaleni tylko z wierzchu, a w środku raczej uduszeni i w dodatku splątani jak jakieś korzenie drzew, bo to były jednak głównie kobiety i dzieci, i mocno się obejmowali i wczepiali w siebie, więc musieliśmy ich rąbać na kawałki i w tych kawałkach wrzucać do dołu. Było to okropne. Do tego smród nieziemski. Spalenizny i gówna. Dwa razy porzygałem się. Najbardziej nieprzyjemnie mi było, jak natknąłem się na moją koleżankę z klasy Dorę i jej dziecko, które trzymało się jej mocno, popłakałem się wręcz, nie pozwoliłem ich rąbać, tylko tak pochowałem. Niektórzy próbowali szukać złota, znaczy złotych zębów, ale potem spotkała ich niespodzianka, bo po wszystkim pan Amtskomendant kazał wszystkim powywracać kieszenie i rozebrać się do naga, i jak coś znalazł, to takie lanie dostali, że Jezu. Po wszystkim poszedłem do domu, wymyłem się, włożyłem czyste ubranie, wziąłem litra i spotkałem się z Zygmuntem, Heńkiem i Ryśkiem, i mówię do nich tak a tak, jesteśmy kolegami z klasy, co było, to było, a teraz mam taką sprawę, że ja uratowałem Rachelę i chcę się z nią ożenić.

ZYGMUNT
Dobra, Władziu, chcesz, to twoja sprawa. Serce nie sługa. Ale musisz ją najpierw ochrzcić i wziąć ślub normalnie w kościele.

HENIEK
Żeby ludzie nie gadali. Ja pogadam z proboszczem. Tylko z katechizmu strasznie srogi jest. Trzeba wkuć.

RYSIEK
Ślub to ślub, a chrzest to chrzest.

ZYGMUNT
Heniek pogada z proboszczem. Władek zakochał się i trzeba jemu pomóc. Władek jest kolega z klasy. A kolega z klasy jak rodzina. A może i więcej. A litra schowaj, Władek, wypijemy na weselu.

WŁADEK
Poszedłem do matki i powiedziałem, że Rachelka ochrzci się, będzie katoliczką i ja z nią wezmę ślub. W kościele. Matka nic nie powiedziała. Tylko zaczęła płakać. Na to ja nic nie powiedziałem. Tylko poszedłem na górę do Rachelki i powiedziałem, jak się sprawy mają. I co ona na to?

RACHELKA
Ochrzcić? Ślub? W kościele? Ja?

WŁADEK
Rachelka! To wszystko dla twojego uratowania. Ty tu siedzisz i nie wiesz, co się dzieje. Tak się sprawy mają, że nie ma już u nas ani jednego Żyda. Wszyscy zamordowani. Chrzest to jedyna szansa. Tylko katechizm trzeba wkuć. Uzgodniłem z chłopakami i zgodzili się pomóc. Zygmunt, Rysiek i Heniek.

RACHELKA
Ci mordercy?

WŁADEK
Rachelka, to są nasi koledzy.

RACHELKA
Masz katechizm?

WŁADEK
No pewnie. Sprowadziłem ją na dół i powiedziałem matce, że od dziś Rachelka będzie mieszkać na dole z nami. Nic nie powiedziała. Rachelce dałem katechizm. Usiadła przy oknie od ogrodu i zaczęła czytać. Wieczorem przyszedł Heniek.

HENIEK *do Rachelki*
Czwarte kościelne?

RACHELKA
Przynajmniej raz w roku spowiadać się i w czasie wielkanocnym komunię świętą przyjmować.

HENIEK *do Rachelki*
Dobrze. Siódmy sakrament?

RACHELKA
Małżeństwo.

HENIEK *do Rachelki*
Dobrze. Trzeci warunek dobrej spowiedzi?

RACHELKA
Mocne postanowienie poprawy.

HENIEK *do Rachelki*
Dobrze. Piąte przykazanie?

RACHELKA
Czcij ojca twego i matkę twoją.

HENIEK
Źle! Nie zabijaj! Ucz się, Rachelka, bo jak nie będziesz umiała, ksiądz nie ochrzci.
do Władka
Proboszcz chce sześć metrów żyta.

WŁADEK
A skąd ja mu wezmę?

HENIEK
Dobra, dobra, Władek. Wiesz, jak jest. Proboszcz nie żartuje. I poszedłem, bo trochę mnie ten Władek zaczął wkurwiać! Matka płacze, ta nic nie umie, a ten się uparł.

RACHELKA
Władek, weź to.

WŁADEK
Co to, Rachelka?

RACHELKA
Pierścionek. Mamy. Babki. I prababki.

WŁADEK
Załatwiłem żyto i zawiozłem proboszczowi. Nawet nie raczył wyjść. Przez gospodynię kazał zsypać na strych w plebanii. Jak zsypywałem,

zobaczyłem, że jak plebania długa i szeroka na strychu leżało zboże wyjedzone przez wołki. Moje żyto mogło wołkom starczyć na trzy godziny. Matka wciąż się nie odzywała, ale przyniosła Rachelce swoją suknię ślubną i rękawiczki. Do ślubu jechaliśmy bryczką. Rachelka, ja, Zocha, która zgodziła się być matką chrzestną i świadkową, Zygmunt – ojciec chrzestny i Rysiek – świadek. No i Heniek, który całą drogę do kościoła przepytywał Rachelkę z katechizmu. Nawet wesoło było. Raz tylko pokłóciliśmy się, jak zapytali, jakie imię chrzestne chcemy dać Rachelce.

ZYGMUNT
A jakie imię chrzestne damy Rachelce?

WŁADEK
Maria.

ZOCHA
Ładnie.

HENIEK
Zwariowałeś Władek? Chcesz nazwać Żydówkę jak Matkę Boską?

WŁADEK
A Matka Boska to kto?

RACHELKA
Niech będzie Marianna.

HENIEK
Marianna?

ZYGMUNT
Lepiej. Dużo lepiej.

RYSIEK
Może być Marianna.

ZOCHA
Też ładnie.

RACHELKA
I tak zostałam Marianną. W tej bryczce jadącej przez miasto, w którym nie było już ani jednego Żyda, i w żydowskich domach, w oknach, w drzwiach i na gankach nowi właściciele przyglądali mi się z nienawiścią. Nawet nie musiałam zamykać oczu, żeby zobaczyć obok nich wszystkich dawnych mieszkańców. Wtedy pierwszy raz pomyślałam, że to bez sensu, że żyję. Wszystko poszło raz, raz. Egzaminu z katechizmu nie zdawałam. Proboszcz w ogóle się nie pojawił. Ochrzcił mnie i ślubu udzielił jakiś młody ksiądz. Bardzo miły. Kiedy wracaliśmy, na ulicach było już pusto. Tylko na Sokólskiej jakaś kobieta na nasz widok splunęła!

WŁADEK
Na szczęście!

MARIANNA
Matka Władka zastawiła stół: kiełbasy, salcesony, bigos, wódka i kompot. I poszła do sąsiadki.

WŁADEK
Ale była nasza klasa. Prawie cała.

ZYGMUNT
Ja.

RYSIEK
I ja.

HENIEK
I ja.

ZOCHA
I ja byłam.

DORA
I ja.

JAKUB KAC
Ja też.

ABRAM
I ja w pewnym sensie.

MENACHEM
Mnie nie było, ale Zocha wszystko mi opowiedziała.

ZYGMUNT
Droga Marianno i Kochany Władysławie! Władek! Chciałem na nowej drodze życia waszego, trudnej, ale może się wszystko uda, złożyć wam życzenia, żeby rozkwitała ta wasza miłość. Chodźcie teraz wszyscy zaśpiewamy dla Panny Młodej, która, tak się składa, jest sierotą, naszą pieśń weselną sierocą! Żeby zawsze wiedziała i pamiętała, że my wszystko pamiętamy! Ale wypijmy najpierw! Na zdrowie! Mazełtow!

WSZYSCY
Mazełtow!

ZOCHA *intonuje*
Któż tak po komorze chodzi i stuka?

WSZYSCY *śpiewają*
To nasza Marianka matuli szuka.

Wyszła na izbę, rączki załamała,
O, moja matulu, gdzieś mi się podziała.

Powstań, matulu, z ciemnego grobu,
Pobłogosław córkę, jedzie do ślubu.

Nie wstanę, nie wstanę, bom zamurowana,
Na trzy zameczki jest pozamykana.

Pierwszy zameczek – ze trzech deseczek.
Drugi zameczek – żółty piaseczek.

Trzeci zameczek – zielona murawa.
O, moja córusiu, jedź do ślubu sama.

Jedź, córusiu, sama, niech cię Bóg prowadzi.
Najświętsza Maryja niech ci błogosławi.

ZYGMUNT
No i potem tatusia szuka, siostrzyczki, braciszka i tak dalej! Na zdrowie! Mazełtow! Lachaim!

WSZYSCY
Na zdrowie! Lachaim! Mazełtow!

WŁADEK
Dziękuję, koledzy i koleżanki! Dziękuję! Jesteśmy z Marianką szczęśliwi,
że tu jesteście razem z nami. Jedzcie i pijcie! Czem chata bogata, jest,
co trzeba! Matula przygotowała! Niełatwo było, ale co to za wesele
bez bigosu!? Salecesonik, szyneczka i boczuś! I schabowe! Marianka,
jako chrześcijanka, teraz musisz nauczyć się jeść po naszemu! No,
koledzy, lachaim!

WSZYSCY
Lachaim!

ZYGMUNT
A teraz, Państwo Młodzi, będzie prezent! Świecznik! Srebrny! Podoba
się?

JAKUB KAC
Czyj to?

DORA
Mój!

ABRAM
Boże!

MENACHEM
Kurwa!

WŁADEK
Dzięki.

MARIANNA
Piękny!

HENIEK
Ode mnie taca. Srebrna!

DORA
Czyja?

ABRAM
Moja.

JAKUB KAC
Boże.

MENACHEM
Kurwa!

WŁADEK
Dzięki.

MARIANNA
Piękny.

RYSIEK
Ode mnie cukiernica. Srebrna!

ABRAM
Czyja?

JAKUB KAC
Moja.

DORA
Boże.

MENACHEM
Kurwa.

WŁADEK
Dzięki.

MARIANNA
Piękny.

ZOCHA
Obrus. I serwetki.

DORA
Czyje?

RACHELKA
Moje?

ZOCHA
Tak? Oleś przyniósł...

ABRAM
Boże!

MENACHEM
Kurwa!

MARIANNA
Piękny.

WŁADEK
Lachaim! I „Tango Milonga"! Wszystkie pary tańczą!

WSZYSCY
Lachaim!
śpiewają i tańczą „Tango Milonga"

ZYGMUNT
Zatańczysz, Zocha?

ZOCHA
Z tobą, Zygmunt, zawsze!

ZYGMUNT
Co na wsi? Jak tam stary?

ZOCHA
A nic tylko kwęka i marudzi.

ZYGMUNT
To wdową bogatą niedługo będziesz. I chłopa ci będzie potrzeba! Pamiętaj o mnie.

ZOCHA
Weź przestań, Zygmunt!

DORA
Zatańczysz, Rysiek?

RYSIEK
Nie mogłem nic zrobić, Dora. Chciałem tobie pomóc, ale nie mogłem!
Wszyscy patrzyli. Kochałem ciebie, a ty wyszłaś za Menachema! A ja
kochałem ciebie! Odejdź teraz, Dora! Wynoś się!
wyjmuje pistolet i strzela
Zostaw mnie! Zostaw! Won!

MĘŻCZYŹNI
Co ty, chłopie! Zostaw spluwę. Upiłeś się!? Idź do domu!

ZYGMUNT
Co się tu, kurwa, dzieje!?

JAKUB KAC
A ty myślisz, Zygmunt, że Rysiek nigdy się nie dowie, kto na niego do
Sowietów doniósł? Prawdy nie da się zakopać.

ZYGMUNT
Co to, kurwa? Kto tu jest?

HENIEK
Koledzy i Koleżanki! Klaso nasza kochana! Chcę wam powiedzieć
o mojej największej tajemnicy. I marzeniu, które się spełniło. Biskup
się zgodził! Wyjeżdżam do Łomży! Uczyć się na księdza!

WŁADEK
Jaki ja jestem szczęśliwy! Lachaim!
pije

WSZYSCY *piją*
Lachaim!

MARIANNA
Chodź spać, Władek! Wystarczy!

WSZYSCY
Wyszedł żuczek na słoneczko
w zielonym płaszczyku,

nie bierzże mnie za skrzydełka,
mój miły chłopczyku.

Nie bierzże mnie za skrzydełka,
bo mam płaszczyk nowy,
szyły mi go dwa chrabąszcze,
a krajały sowy.

LEKCJA XI

MARIANNA
Pijany zwalił się spać. Zdjęłam mu buty, spodni nie dałam rady. Położyłam się obok. Nie mogłam zasnąć.

ZOCHA
Zygmunt i Rysiek odprowadzili mnie pod sam dom. Bałam się, żeby Menachem się gdzieś nie szwendał i umyślnie głośno mówiłam, udawałam pijaną i śmiałam się jak ta głupia.

ZYGMUNT
Może poczekamy razem, aż stary się obudzi?

ZOCHA
A gdzie poczekamy, Zygmunt?

ZYGMUNT
A na sianku w stodole, Zygmunt!

ZOCHA
Stary często się budzi, Zygmunt!

ZYGMUNT
A jak będziesz wdową, Zygmunt?

ZOCHA
Weź przestań, Zygmunt.

ZYGMUNT
Poszliśmy, bo chciałem pogadać z Ryśkiem.

RYSIEK
Na powietrzu obaj przetrzeźwieliśmy.

ZYGMUNT
Dopóty wszystkiego, dopóki nie ma świadków.

RYSIEK
Jakich świadków? Menachem? Dorwiemy w końcu kiniarza!

ZYGMUNT
Ja nie o nim mówię. On nic nie wie. Jak jeszcze żyje.

RYSIEK
A o kim?

ZYGMUNT
Wiesz o kim.

MENACHEM
Żeby wiedzieli, że rozmawiają dwa metry ode mnie. Albo żebym ja miał jakiś kawałek pistoletu. Albo dobrą siekierę. Już by te dwa łotry więcej ludzi nie męczyły. Ale musiałem słuchać tego wszystkiego. I milczeć. Kiedy poszli, przyszła Zocha.

ZOCHA
Śmierdzę wódką, ale musiałam wypić. Jak nie pić na weselu? Boże, Menachem, jakie to było straszne. Jaka ona biedna ta Rachelka! Co za życie ją czeka! Co za życie nas czeka? Boże, Boże...

MENACHEM
Przytuliłem ją mocno. Zaczęliśmy się kochać.

ZOCHA
Tylko uważaj!

MENACHEM
Uważam!

ZOCHA
Jeszcze tego brakowało! Wszyscy wiedzą, że stary już stary.

MENACHEM
Zocha...

MARIANNA
Obudził mnie Władek. Bez słowa rozsunął mi nogi i wszedł we mnie. Bolało. To był pierwszy raz. Miał nabrzmiałe krwią oczy. Śmierdział wódką i bigosem. Skończył szybko. Położył się obok. Zapalił papierosa i powiedział:

WŁADEK

Matka już wszystko posprzątała. Naprawdę pierwszy raz? A mówili, że Żydówki to kurwy.

MARIANNA

Co miałam powiedzieć? Pomyślałam o wszystkim, co się stało. O mamusi, Rebece i Róży, które Polacy spalili w stodole. O tatusiu, który umarł na serce, bo nie mógł patrzeć, co Sowieci zrobili z jego młynem. I o tym, że zostałam sama. Z głupim Polakiem i z jego głupią matką, która traktuje mnie gorzej niż psa, bo z psem rozmawia. Pomyślałam, żeby wziąć sznurek, pójść do stodoły i powiesić się. Pomyślałam jednak, że z jednej strony jest głupi, ale z drugiej strony uratował mnie. Na przekór matce, kolegom, całemu światu. Jest odważny i uparty. I chyba mnie kocha. Czy skrzywdzi nasze dzieci? Dzieci! Najważniejsze są dzieci. Nie takie rzeczy Żydzi przetrwali. Ubrałam wełnianą spódnicę i koszulę. Zawiązałam włosy chustką tak, jak robią wieśniaczki, i powiedziałam: Co mam robić, Władek?

WŁADEK

To mi się nawet podobało. Ucałowałem ją i powiedziałem: Chodź, zjemy śniadanie, a potem pokażę ci gospodarkę. Zobaczymy, co na razie dasz radę robić.

MENACHEM

To ukrywanie się było nie do wytrzymania. Zocha miała do czytania Biblię i podręcznik „Traktara i selskochazaistwiennyje maszyny" Wołkowa i Rajsta. Na Biblię na początku nie mogłem patrzeć. Rzewne bajki dla idiotów. Ale z czasem, po tym, co się stało, takie kawałki zostawały w głowie: Twe oko nie będzie miało litości. Życie za życie, oko za oko, ząb za ząb, ręka za rękę, noga za nogę. Stary coraz mniej wychodził z domu, a w zimie już prawie nie wstawał z łóżka. Wszystkim zajmowała się Zocha. Prawie codziennie miała chwilę czasu dla mnie. To było jedyne, co ludzkiego ze mnie zostało.

ZOCHA

Tylko uważaj, Menachem.

MENACHEM

Uważam, Zocha...

MARIANNA
Nauczyłam się mówić po chłopsku: poszlim, robilim, jedlim, nie pomagało. Matka Władka myślała, że z niej szydzę, i nic nie mówiła. Mówiłam: z Bogiem, pochwalony Jezus Chrystus, Bóg zapłać. Odpowiadała z wściekłością. Wreszcie okazało się, że jestem w ciąży. Wtedy się to zdarzyło.

WŁADEK
Pojechałem po drzewo do lasu.

RYSIEK
Byłem już wtedy szucmenem. Miałem rower, karabin, mundur i czapkę. Oczywiście to była przykrywka. Bo tak naprawdę pracowałem dla podziemnej organizacji. Nie dla Niemców.

ZYGMUNT
Ja go do tego namówiłem.

RYSIEK
Wtedy przyszedł rozkaz, żeby wszystkich Żydów, jeżeli gdzieś jeszcze są, odstawić do getta w Łomży. No, ale u nas przecież nie było Żydów.

ZYGMUNT
A Marianka?

RYSIEK
Marianka?

ZYGMUNT
Rozkaz to rozkaz, Rysiek. Z tego, że żyje, mogą być kłopoty. Władek jeszcze młody jest i znajdzie nową żonę.

RYSIEK
Zobaczyłem, że Władek gdzieś pojechał furą, wziąłem karabin, wsiadłem na rower i pojechałem do niego.

WŁADEK
To była wyprawa na cały dzień do lasu.

MARIANNA
Zobaczyłam przez okno, że jedzie żandarm. Schowałam się do skrytki.

RYSIEK
Otworzyła matka Władka. Powiedziałem, o co chodzi, ucieszyła się i zawołała Rachelkę. Ta w płacz.

MARIANNA
Rysiek, zlituj się! Jestem w ciąży! Nic nie odpowiedział. Odezwała się za to teściowa: Taki ma rozkaz i nic nie poradzisz.

RYSIEK
Związałem jej ręce sznurkiem i powiedziałem, że jak będzie próbowała ucieczki, zastrzelę.

WŁADEK
To był cud. W lesie okazało się, że zapomniałem pilnika do siekiery. Gdybym nie zapomniał, byłoby po wszystkim. Wróciłem do domu. Matka, że był żandarm i zabrał Mariannę. Gdzie zabrał? Do getta! Wyprzęgłem konia, założyłem mu siodło i schowałem do kieszeni nagana, co go po Sowietach jeszcze miałem. Matka w krzyk: Po co ci ta Żydówa!? Zamknij się, mówię do niej, jeszcze raz tak powiesz, a zobaczysz!

RYSIEK
Zobaczyłem, że jedzie na koniu i od razu go poznałem.

MARIANNA
Pędził na koniu jak pan Skrzetuski na pomoc pannie Oleńce!

WŁADEK
Zobaczyłem ich z daleka. Rysiek jechał na rowerze, a ona biegła za nim przywiązana sznurkiem. Była w ciąży. Poczułem, że ogarnął mnie szał i odbezpieczyłem nagana w kieszeni.

RYSIEK
Zatrzymałem się. Zdjąłem z pleców karabin i odciągnąłem zamek. I mówię: Co jest, Władek?

WŁADEK
Co jest, Rysiek? Starałem się znaleźć jak najbliżej niego. O co chodzi?

RYSIEK
Zastanawiałem się, czy ma broń. Wszyscy Żydzi mają iść do getta. Chyba miał broń. Nie podchodź bliżej, bo strzelę.

WŁADEK
Pogadajmy, Rysiek, mówię, dogadamy się. Jesteśmy przecież kolegami
z klasy. I strzeliłem mu przez kieszeń w brzuch.

RYSIEK
Co ty, Władek? Do kolegi z klasy strzelasz?

MARIANNA
Puścił karabin i przewrócił się razem z rowerem, ja też upadłam, chyba
strasznie go bolało, bo zaczął płakać.

WŁADEK
Chciałeś ją zastrzelić w lesie, skurwysynu, żeby nie było świadków tego,
co robiliście, tak?

RYSIEK
Zygmunt kazał, Władziu, dobij, kurwa, bo nie wytrzymam, o Jezu, jak
boli, Dora...

WŁADEK
Strzeliłem mu w ucho. Jak kolega koledze.

RYSIEK
Gdzie idziemy, Dora?

DORA
Nigdzie, Rysiek, jesteśmy.

MARIANNA
Co myśmy zrobili, Władek?

WŁADEK
A co mieliśmy zrobić? Dać się zabić? Jak ci twoi Żydzi?

MARIANNA
Co teraz będzie?

WŁADEK
A co ma być? Partyzanci zabili żandarma. Będziemy musieli się schować.

MARIANNA
Z dzieckiem?

WŁADEK
Damy radę. Rozebrałem go do gaci i wciągnąłem do lasu. Rower i mundur wrzuciłem do Narwi. Buty i karabin schowałem na drzewie. Kiedy wróciliśmy do domu i matka zobaczyła Mariankę, nawet się nie odezwała. Ja też się do niej nie odezwałem. Zaprzągłem konia do fury, wziąłem trochę ubrań, pierzynę, koce, coś do jedzenia i pieniądze. Na noc byliśmy u Zochy.

ZOCHA
Co się stało?

WŁADEK
Powiedziałem, co i jak, i żeby nas przenocowała parę dni, a potem coś znajdę u dalszej rodziny.

MENACHEM
Widziałem ich, słyszałem, co mówili, ale nie pokazałem się im na oczy.

ZYGMUNT
Ryśka znaleziono dwa dni później. Lisy ogryzły mu nogi, ręce, twarz. Rozeszło się, że zabili go partyzanci. Ale żandarmi zastrzelili matkę Władka i spalili chałupę.

WŁADEK
Nie byłem na pogrzebie, bo jak? Pojechałem do ciotki w Konopkach. Jak zobaczyła Mariankę, nawet nas nie przenocowała. Wujek może by i przenocował, ale jego syn był sołtysem i powiedział, że odpowiada za całą wieś. Objechałem prawie całą rodzinę. Bliższą i dalszą. Nikt, dosłownie nikt nie chciał pomóc.

MARIANNA
Spaliśmy po lasach, po wąwozach, po bunkrach na spółkę ze szczurami. Mycie się to było święto.

WŁADEK
Najważniejsze, że nie głodowaliśmy. Miałem ze sobą książki. Czytałem na głos.

MARIANNA
Miał „Trylogię" Sienkiewicza. Jak kończył, zaczynał od początku. W tych samych miejscach śmiał się i w tych samych płakał! Boże, myślałam, że zwariuję! Prosiłam, błagałam! Chodź, Władziu, mamy czas. Nauczę cię angielskiego. Albo buchalterii. Przecież wojna kiedyś się skończy.

WŁADEK
To jest myśl. Angielski. Wyjedziemy po wojnie do Ameryki.
I speak English.
You speak English.
He speaks English...

MARIANNA
Po dwudziestu minutach zasypiał.

WŁADEK
Nie miałem zdolności do języków.

ZOCHA
Oleś uparł się, żebym usmażyła mu rydzów z cebulą. Wzdęło go i umarł. No i zaczęły się gadki, że go otrułam.

MENACHEM
Przeniosłem się z chlewa do skrytki w chałupie. Co to było za uczucie!

MARIANNA
Zaczęłam rodzić w bunkrze.

WŁADEK
Odbierałem poród. Boże! Nie wiedziałem, co mam robić!

MARIANNA
Rodziłam i mówiłam, co ma robić. A też nic nie wiedziałam.

WŁADEK
Robiłem, co mogłem, ale dziecko umarło.

MARIANNA
To była dziewczynka. Śliczna. Zdrowa.

WŁADEK
Zmarła po kilku godzinach. A może i lepiej się stało, bo we trójkę byśmy nie przeżyli. Z małym dzieckiem? W życiu.

MARIANNA
Myślę, że zadusił ją, kiedy spałam.

WŁADEK
Pochowaliśmy ją w lesie.

MARIANNA
Pod imieniem Dorotka.

WŁADEK
Kiedy wojna się skończyła, wróciliśmy do młyna. Mój dom spalili Niemcy.

MARIANNA
Wszystko było rozgrabione, zniszczone, połamane, nawet drzewa w sadzie wykopano.

WŁADEK
Jakoś ten młyn udało się uruchomić. Cudem. Nie pracował jak przed wojną na tej szwajcarskiej turbinie, ale jakoś chodził na ruskiej. Jednego razu przyszedł Zygmunt. Z litrem wódki.

ZYGMUNT
Pogodzić się.

WŁADEK
Jako koledzy z klasy napiliśmy się i pogodziliśmy.

ZYGMUNT
Ustaliliśmy też różne pryncypia i zasady, a także co jest tajemnicą i co jest święte.

WŁADEK
Najważniejsze, żeby Marianka była bezpieczna, tak, Zygmuś?

ZYGMUNT
Jak nie, Władziu? Żadna krzywda jej nie ma prawa spotkać! Żadna!

WŁADEK
Następnego dnia powiedziałem do Marianki, że wojna się skończyła i że jeżeli taka jej wola, może odejść, gdzie jej się podoba. Ale Marianka oświadczyła, że nigdzie nie odejdzie, bo zarówno wobec Boga, jak i prawa jest moją żoną i już.

MARIANNA
Ale nie mieliśmy więcej dzieci.

WSZYSCY
Kiedy spojrzysz w gwiazdy,
duma cię przenika,
że jesteś Polakiem,
wnukiem Kopernika.

Nad błękitną Wisłą
stary Toruń drzemie.
Polak wstrzymał Słońce,
a poruszył Ziemię.

LEKCJA XII

ZOCHA
Nie wiem, jak Zygmunt wpadł na to, że Menachem chował się u mnie.

ZYGMUNT
Powiedz, Zocha, po dobroci. Wiemy, że go całą wojnę chowałaś! I Olesia otrułaś grzybami, żeby cię ten parch ruchał. Że ja, głupi, na to nie wpadłem.

ZOCHA
Co ty, Zygmunt? Jakiego Menachema? Uderzył mnie w mordę.

ZYGMUNT
Kazałem chłopcom, z którymi przyszedłem, poczekać na dworze.

MENACHEM
Wszystko słyszałem, ale co mogłem zrobić?

ZOCHA
Tak naprawdę sama mu się oddałam. Żeby tylko nie szukał Menachema. Wiedziałam, że jak dobrze poszukają, znajdą.

ZYGMUNT
I pamiętaj, Zocha, nie jesteśmy żadną bandą. Tylko wojskiem polskim. Jeżeli ten parszywy bolszewik nie znajdzie się, wrócimy tu i porozmawiamy inaczej, a potem zostaniesz rozstrzelana w imieniu Rzeczypospolitej!

MENACHEM
Wyszedłem z kryjówki, kiedy poszli.

ZOCHA
Musimy stąd wyjechać.

MENACHEM
Pojedziemy do Ameryki. Musimy uciekać. Trzeba zapomnieć o wszystkim. Zacząć nowe życie. Tutaj nas zabiją. Trzeba się wyrzec zemsty. Bo zmarnujemy sobie życie.

ZYGMUNT
Któregoś dnia zebrałem się i napisałem do Abrama.
Drogi Kolego Abramie!
W pierwszych słowach mojego listu donoszę Ci taką smutną wiado-
mość, że nasz kolega Jakub Kac i koleżanka Dora z dzieckiem a także
wszyscy żydzi od nas nie żyją i zostali zamordowani przez hitlerowskie
bestie spaleni żywcem kobiety i dzieci w stodole. Zamordowana cała
Twoja rodzina! Zamordowany rabin. Nie żyje też nasz kolega Rysiek
zabity przez morderców. To wszystko jest nie do opisania co spotkało
naszą ojczyznę Polskę nasz naród umęczony naszą klasę.
Boże, dlaczego tak musimy cierpieć.
Przesyłam Tobie me życzenia wszystkiego najlepszego – Zygmunt

ABRAM
Drogi Kolego Zygmuncie,
Twój list rozdarł moje serce. Dzień i noc płaczę, i w modlitwie nawet
nie mam uspokojenia. Więc nie ma już naszego Jakuba Kaca pomiędzy
żywemi? I Dory? I naszego kolegi Ryśka?
Przypomniało się, jak w dniu wyjazdu zebrała się cała moja rodzina
i wszyscy poszli ze mną, ażebym się pożegnał z synagogą i z grobami
na cmentarzu. Pamiętam, jak przez całą drogę brat mamy wujek Benek
grał na klarnecie, a moja biedna mama wciąż płakała i płakała, jakby
przeczuwała coś. Myślała jednak biedna pewnie o mnie, o tym, co mnie
może spotkać, a nie o swoim losie, że okrutni zbrodniarze zamkną ją
z innymi w stodole i żywcem spalą. Razem z innymi Żydami z naszego
miasteczka. Z całej wielkiej rodziny zostałem sam jeden.
Nie mogę pisać, Drogi Kolego Zygmuncie, bo łzy płyną już nie strumie-
niem, a rzeką. Napisz, czy czego Tobie nie potrzeba.
Twój Abram
PS. Bądź zdrów, niech czuwa nad Tobą Bóg Wszechmogący.

ZYGMUNT
Drogi Abramie!
Nic nie potrzeba. Jakoś tu sobie żyjemy. Boso ale w ostrogach jak to mówią.
Chcemy upamiętnić to straszne wydarzenie i wybudować pomnik. Jakbyś
nas wspomógł jakąś drobną kwotą, to zawsze będziemy wdzięczni.
Zasyłam pozdrowienia – Zygmunt.
PS. Moja żona Helenka, której nie znasz, Cię pozdrawia.

ZOCHA
Wzięłam, co się dało sprzedać, i wyjechaliśmy do Łodzi.

MENACHEM
Miałem tam znajomych kiniarzy z Wilna. Pomogli nam znaleźć pracę. Zacząłem pracować jako elektryk w teatrze. Zocha jako garderobiana. Okazało się, że jest w ciąży.

ZOCHA
Muszę się wyskrobać.

MENACHEM
Dlaczego?

ZOCHA
Nie wiem, czyje to dziecko. Twoje czy jego? Nie wiem. Nie wiem. Nie wiem. Boże, co robić? Nigdy nam tu nie dadzą spokoju. Zabiją ciebie. Zabiją mnie. Obiecaj, że wyjedziemy! Obiecaj!

MENACHEM
Obiecałem, ale po skrobance coś się zaczęło miedzy nami psuć.

ZOCHA
Obiecałeś, że wyjedziemy! Kiedy?

MENACHEM
Wyjedziemy, maleńka, obiecałem!

ZOCHA
Znowu jesteś pijany, cholerniku ty! Gdzie byłeś? „U Aktorów", tak?

MENACHEM
Maleńka, muszę skombinować flotę na wyjazd! Przecież wiesz. I skombinowałem. Pożyczyłem od jednej aktorki. Kochanki pułkownika NKWD, która przywiozła z Wilna pół getta pożydowskich rzeczy. Kupiłem Zośce bilet i odprowadziłem ją na pociąg do Wiednia.

ZOCHA
Przyjedziesz?

MENACHEM
Przyjadę, jak szybko się da, maleńka. Stała w oknie i wychylała się tak, że myślałam, że wypadnie.

ZOCHA

Stał na tym peronie. W jasnym garniturze. Myślałam, że umrę z żalu.
Jakbym czuła, że widzę go ostatni raz.

MENACHEM

Miałem prosty cel. Zarobić jakieś pieniądze i wynosić się z tego kraju.
Jeden kumpel poradził mi, że najlepiej dorobić się na oficjalnym szabrze.
Gdzie był najbardziej oficjalny szaber? W UB.

ZOCHA

W New York bardzo mi pomógł Abram. Zanim znalazłam pokój i pracę,
zatrzymałam się u niego. Mieszkał w skromnym domu z czeredą dzieci. Jego żona chyba mnie lubiła. Rozmawialiśmy całymi godzinami.
Abram chciał wiedzieć wszystko. Każdy szczegół. Kiedy opowiedziałam
mu o tym, kto naprawdę spalił Żydów, nie chciał wierzyć. Pokazał mi
listy Zygmunta. Zaczęłam się śmiać.

ABRAM

Myślałem, że zwariuję. Jeszcze temu łajdakowi pieniądze wysyłałem.
Wtedy napisałem ten mój list i wysłałem do polskiego rządu.
Ja, Abram Baker, w 1937 roku pojechałem do Ameryki.
W Polsce pozostali mój dziadek Chaim i dziadek Jakub, babcia Róża
i babcia Fejga.
Mój tatuś Szlomo i moja mamusia Esterka.
Moi braciszkowie Chaimek, Izio i Kubek.
I moje siostrzyczki: Lejcia, Frunia i Fania.
Moi wujkowie: Mendel, Józef, Szaol, Rajzer, Dawid i Szmul.
I moje ciocie: Chana, Sara, Hinda, Debora, Moly i Zizi.
Moi stryjkowie: Izaak, Akiwa, Jasza, Zelig, Benek i Szymon.
I moje stryjenki: Rachela, Lea, Miriam, Zelda, Gitel i Hodl.
Moi kuzyni: Szmulek, Moniek, Janek, Dawid, Urek, Welwuś, Adaś i Elek.
I moje kuzynki: Zuzia, Chajka, Frymcia, Itka, Tyla, Genia, Malcia, Sonia,
Jadzia i Dunia.
Wszyscy oni zostali spaleni w stodole przez Polaków. Kto zabił moją
całą rodzinę, zabrał mieszkanie, rzeczy, wszystko, teraz on żyje w tych
domach. Czy te bandyty, złodzieje, będą spać spokojnie? Co mówi wasz
ksiądz? Kościół? Polski Rząd?

WSZYSCY

Nauczył Sienkiewicz
swej Ojczyzny syny,
że wczorajsza chwała
zrodzi przyszłe czyny.

LEKCJA XIII

MENACHEM

W czterdziestym ósmym, gdzieś pod koniec lata, tak, bo byłem na urlopie w Jastarni, wezwał mnie pułkownik i powiedział, że jest rozkaz w sprawie śledztwa na temat udziału Polaków w mordzie Żydów na początku okupacji i że władza ludowa zadecydowała, że mam wziąć w tym udział pod pseudonimem operacyjnym Cholewa Zdzisław. I dodał od siebie: dopierdol, Menachem, tym skurwysynom, którzy zgwałcili i zamordowali twoją żonę, ale w majestacie prawa, żeby władza ludowa dobrze wypadła, i takie tam.

ZOCHA

Kochany mój! Dlaczego nie przyjeżdżasz? Tęsknię za tobą, nie masz pojęcia jak!

MENACHEM

Napisałem do niej, że rozpoczynam ważną pracę i że nie mogę do niej więcej pisać.

ZOCHA

Rodzina, u której wtedy pracowałam, była bardzo kulturalna. Profesorowie. Żydzi. Oboje mówili po polsku. Kiedy przychodzili do nich friends, przedstawiali mnie i mówili: To jest ta Zosia, która ratowała Żydów podczas wojny. A friends tylko kiwali głowami. Jak to możliwe? Przecież Polacy to tacy antysemici. Po tym, jak Menachem napisał, że nie będzie mógł pisać listów z powodu odpowiedzialnej pracy, wściekłam się i powiedziałam: A co Amerykanie zrobili dla Żydów podczas wojny? Trzasnęłam drzwiami i wyszłam z domu. Wsiadłam do metra. Jeździłam kilka godzin bez celu. Wreszcie wysiadłam w polskiej dzielnicy. Usłyszałam, jak jakiś chłopak powiedział do dziewczyny: Ja cię kocham, kurwa, a ty śpisz. Usiadłam na ławce i rozpłakałam się. Boże! Miałam trzydzieści lat. Co robić? Ten skurwysyn napisał, że już nawet nie będzie pisać. Nie ma jak jechać. Żelazna kurtyna. Co ja mam robić ze swoim życiem? Ani faceta. Ani dzieci. Ani wykształcenia. Mam być do końca życia służącą? U Żydów? I wtedy przysiadł się do mnie Janusz. Czemu pani płacze? Szkoda takich oczu na łzy. Takie tam. Dwa tygodnie później byliśmy po ślubie. Abram łapał się za głowę.

ABRAM
Co ty robisz, dziewczyno! Jak można wychodzić za mąż po dwóch tygodniach znajomości, Zocha? A Menachem? A nauka? Przecież wciąż
nie znasz dobrze angielskiego! A praca? Ci zacni Żydzi, których tak
potraktowałaś. Co oni mogli zrobić podczas wojny? Co ja mogłem
zrobić? Pomyśl? Nie zacietrzewiaj się. To dobrzy ludzie. Profesorowie.
Pomogą ci, jak będziesz chciała zdać maturę. Albo studiować.

ZOCHA
Daj spokój, Abram. Ja i studia. Wychodzę za mąż. A o Menachemie
nawet mi nie wspominaj. Okazał się świnią i tyle. Pozbył się ciężaru.

ZYGMUNT
Przyszli po mnie nad ranem, na oczach żony i dzieci skuli mnie kajdankami i gazikiem zawieźli na UB w Łomży.

HENIEK
Przyszli na plebanię. Pies szczekał, jakby oszalał. To go zastrzelili. Skuli
mnie kajdankami i zawieźli na UB.

WŁADEK
Przyszli do młyna i zabrali mnie w kajdankach na UB.

ZYGMUNT
Przyprowadzili mnie do jakiegoś pokoju. Kazali usiąść na taborecie.
W oknie były zasłony. Mimo słońca. W twarz świeciła mocna lampa.
Za biurkiem siedział Menachem.

MENACHEM
Jestem porucznik Cholewa Zdzisław. Będę was prowadził. Nazwisko?

ZYGMUNT
Menachem, co ty...?

MENACHEM
Wstałem od biurka.

ZYGMUNT
Wstał od biurka.

MENACHEM
Podszedłem do niego.

ZYGMUNT
Podszedł do mnie.

MENACHEM
I uderzyłem go w pysk.

ZYGMUNT
I z rozmachu uderzył mnie w nos. Miał chyba kastet. Usłyszałem, jak coś chrupnęło. Spadłem z taboretu i straciłem przytomność.

MENACHEM
Bzdury. Jaki kastet? Poniosło mnie trochę, jak zobaczyłem uśmiech tego skurwysyna, który zgwałcił moją żonę, spalił moje dziecko i zatłukł mojego przyjaciela. Nie mówiąc już o tysiącu innych ludzi.

ZYGMUNT
Poleli mnie wodą. Oprzytomniałem. Z nosa zrobił mi się balon. Ledwo widziałem na oczy. Co robić? Kogo zawiadomić? Za co mnie wzięli? Kto może pomóc?

MENACHEM
Masz do mnie mówić: panie poruczniku. Czy to jasne?

ZYGMUNT
Tak jest, panie poruczniku.

MENACHEM
Pomyślałem, że szkoda czasu na rutynowe pytania. Wiem o tobie wszystko, skurwysynu. Wiem, że mieszkasz w domu rabina, którego spaliłeś w stodole. Ciekawe, czy twoja żona i dzieci o tym wiedzą? Wiem, że w czterdziestym piątym byłeś dowódcą bandy i przewodniczącym rady gminy jednocześnie. Wydawałeś milicjantów w ręce bandytów, a bandytów w ręce milicjantów. Jak ci pasowało. Nie ma świadków, kurwa, pomyślałem.

ZYGMUNT
Znajdź świadków, kurwa, pomyślałem.

MENACHEM
Ale teraz interesuje mnie tylko jedno. Co robiłeś z Jakubem Kacem dnia 24 czerwca 1941 roku na rogu Przytulskiej i Nowego Rynku?

ZYGMUNT
O to chodzi! Nie wiem, o czym pan porucznik mówi. O ile wiem, 24 czerwca Jakub Kac został zabity przez Niemców...

MENACHEM
Nie chciało mi się go bić. Po prostu wezwałam chłopaków i dałem go im do obróbki.

ZYGMUNT
Bili mnie pałkami, polewali wodą i dalej bili, oglądał lekarz, mówił, że dalej można bić, i bili. Ten skurwysyn tylko zaglądał i pytał, kto i kiedy zabił Jakuba Kaca. Boże! Ale wiedziałem, co robić.

HENIEK
Przyprowadzili mnie do ciemnego pokoju, posadzili na stołku, lampa w twarz, za biurkiem – Menachem.

MENACHEM
Jestem porucznik Cholewa Zdzisław, będę księdza prowadził. Nazwisko księdza?

HENIEK
Jak ty, Menachem, jesteś Cholewa, to ja jestem święty turecki.

MENACHEM
Wstałem.

HENIEK
Wstał.

MENACHEM
Podszedłem.

HENIEK
Podszedł.

MENACHEM
I uderzyłem go w pysk.

HENIEK
I z całej siły uderzył mnie w twarz. Powiedziałem: Bóg ci to wybaczy, bracie. I nadstawiłem drugi policzek.

MENACHEM
Rąbnąłem go w drugi. Nadstawił trzeci. Wkurwiłem się i zawołałem chłopaków. Przypomnij sobie, kto zabił Jakuba Kaca, powiedziałem. I dałem go do obróbki.

HENIEK
Bili mnie. Polewali wodą. Dalej bili. Przychodził lekarz i mówił, że mogą bić dalej, i bili. I pytali o Jakuba Kaca.

MENACHEM
Zadzwonili z Ministerstwa. Co robisz, Menachem? Po co katujesz tego księdza? Po chuj zaczynasz wojnę z kościołem? Chcesz mieć męczennika? Kurwa, nic się nie da zrobić w tym kraju! Klechy zawsze wszędzie znajdą dojście.

WŁADEK
Przyprowadzili mnie z piwnicy do jasnego, słonecznego pokoju. Ledwo oczy mogły się do słońca przyzwyczaić. Posadzili na krześle. Patrzę, wchodzi Menachem. Tak się ucieszyłem.

MENACHEM
Cześć, Władziu, cieszę się, że cię widzę.

WŁADEK
Menachem, kopę lat! Tak się cieszę! Co z Zochą?

MENACHEM
Zocha w Ameryce. Ale listy nie dochodzą. Wiesz, jak jest, Władziu.

WŁADEK
Wiem, Menachem. Za co mnie zamknęli? Marianka sama we młynie. Wiesz, jaka to robota. Nie poradzi sobie.

MENACHEM
Dobra. Powiedz tylko, kto zabił Jakuba Kaca?

WŁADEK
Dobrze, Menachem.

MENACHEM
Zaczęło się to wszystko trzymać kupy. Zygmunt w końcu przyznał się.
Heniek nie, ale było zeznanie Władka. I innych. Wyglądało to dobrze.
Zaczął się proces.

ZYGMUNT
Nie przyznaję się do winy. Zeznania zostały wymuszone przez porucz-
nika Cholewę za pomocą bicia i tortur.

HENIEK
Nie przyznaję się do winy. Zeznania zostały wymuszone. Tego dnia w ogóle mnie nie było na Rynku. O ile wiem, Jakuba Kaca zabili Niemcy.

WŁADEK
Nie widziałem, co oskarżeni robili tego dnia, gdyż tego dnia nie było
mnie w mieście.

MARIANNA
Chciałam potwierdzić słowa męża. Nie było jego tego dnia, gdyż zaj-
mował się on ratowaniem mojego życia. Chciałam dodać, że jestem
przechrztą i że do uratowania mojego życia przyczynił się Zygmunt,
który był ojcem chrzestnym na moim chrzcie, i ksiądz Henryk, który
wszystko zorganizował. Nie doznałam od nich nigdy antysemityzmu.

MENACHEM
Nie mogłem uwierzyć. Dlaczego, Rachelka?

MARIANNA
Nie rozumiesz? Ty przyjechałeś i pojedziesz. Zemsta? Oko za oko?
Pamiętasz prawo Archimedesa? A Kanta o gwiazdach jeszcze pamię-
tasz?

WSZYSCY
Nie udawaj mi tu Greka.
Co to znowu za Eureka?
Po co latasz całkiem goły?
Archimedes, wróć do szkoły!

Tam ci się przejaśni w głowie,
każde dziecko ci to powie:
w wannie ważysz tyle mniej,
ile wychlapałeś z niej!

LEKCJA XIV

MENACHEM

Wróciłem do Warszawy. Dostałem Order Budowniczych Polski Ludowej. Nowe mieszkanie. Na Mokotowie. Siedemdziesiąt metrów. I najgorszą robotę. Podziemie.

ZYGMUNT

Dostałem piętnaście lat. Helenka została sama z Hanią, Małgosią i Jurkiem. Jak chłopak wychowa się bez ojca? W Rawiczu pomyślałem: nie dam się tak łatwo. Co mam do stracenia?

MENACHEM

Zacząłem pić. Dużo. To wszystko było jak zły sen. Bicie, krzyki, krew, potem wóda, dancing i kurwy. I znowu bicie.

ZYGMUNT

Napisałem do prezydenta. Nie odpowiedział. Do ministra. Cisza. Ja znowu. Znowu nic. Aż tu wzywają mnie do naczelnika. Patrzę, siedzi jakiś cywil. Nie Żyd.

MENACHEM

Obudziłem się z tego snu po śmierci Stalina, kiedy mnie aresztowano. I oskarżono o „stosowanie zabronionych przez prawo metod śledztwa". Kurwa! Ci, którzy robili to samo, oskarżali mnie. Świadkami byli jacyś mordercy. I Zygmunt.

ZYGMUNT

Chciałem potwierdzić, że oskarżony stosował w praktyce czterdzieści rodzajów tortur. W tym łamanie palców drzwiami. Wbijanie igieł za paznokcie. Bicie milicyjną pałką po genitaliach. Sadzanie gołym odbytem na nodze od krzesła.

MENACHEM

Co ty pierdolisz, skurwysynu! Gdzie ja ci połamałem palce? Masz drugą dziurę w dupie, tak? Rzuciłem się na niego, ale nas rozłączyli! Dostałem dziesięć lat. I propozycję. Siedzę albo wypierdalam z Polski.

ZYGMUNT
Wróciłem do domu. Do Helenki, Hani, Małgosi i Jurka. Jurek nie odstępował mnie na krok. Trzymał mnie za nogawkę spodni i łaził ze mną dosłownie wszędzie.

MENACHEM
Wyjechałem do Izraela. W kibucu „Daverath", co znaczy „Pszczoła", zacząłem pracować jako mechanik maszyn rolniczych. Przydało się to dzieło sowieckie „Traktara i sielskochaziajstwiennyje maszyny" Wołkowa i Rajsta.

ZYGMUNT
W 1956 roku wstąpiłem do Polskiej Zjednoczonej Partii Robotniczej.

HENIEK
Długo byłem wikarym, ale w końcu dostałem moje pierwsze probostwo. Na zabitej dechami białostockiej wsi, gdzie nawet katolicy mówili po chachłacku. Ale jak to mówią: lepszy rydz niż nic.

MENACHEM
Napisałem do Abrama. Chciałem się dowiedzieć, co u Zochy.

ABRAM
Co u Zochy? Menachem, czy mało przez Ciebie ludzie w życiu łez wylali? Zwłaszcza kobiety? Zocha wyszła za mąż i ma dzieci. Daj jej spokój.

ZOCHA
Kiedy Stan poszedł do szkoły, a Lucy do przedszkola, mogłam zacząć dorabiać jako krawcowa. No i jakoś szło to życie.

MENACHEM
Ożeniłem się z Ruth, sefardyjską Żydówką, która miała piękne oczy i nogi. Jak Dora. Urodził się Jakub. Wyglądał jak prawdziwy sabra. Odszedłem z kibucu, wziąłem kredyt i założyłem własny warsztat. Zbudowałem dom.

ZYGMUNT
Lata sześćdziesiąte to były wspaniałe lata.

HENIEK
Wreszcie Pan Bóg pozwolił spełnić największe marzenie. Kiedy powołał do siebie mojego poprzednika, biskup przydzielił mi stanowisko proboszcza w naszym mieście. Pewną rolę odegrał tu jeden z moich szkolnych kolegów.

ZYGMUNT
Towarzysze, ksiądz Henryk to swojak. Kolega z klasy. Znamy tu jego zalety i, że się tak wyrażę, grzechy. Rozumie też specyfikę naszego miasta. Tu się urodził. Zna wszystkich i wszyscy jego znają. Uważam, że trzeba przekonać biskupa, żeby poparł kandydaturę księdza Henryka na proboszcza.

HENIEK
Tylko wśród swoich człowiek może rozwinąć skrzydła. Zwłaszcza ksiądz.

ZYGMUNT
Obie córki wydałem za mąż. Hania poszła za lekarza. Gosia za prokuratora. Jurek zdał na architekturę na Politechnice Warszawskiej. Kiedy wybuchły tak zwane „wypadki marcowe", nie uległ tej żydowskiej prowokacji jak inni studenci, tylko pilnie uczył się. Współpraca z Heńkiem układała się pomyślnie. Jako koledzy z klasy ufaliśmy sobie, pomagaliśmy i rozwiązywaliśmy sporne kwestie. Raz powiedział po pijanemu:

HENIEK
Wiem, Zygmunt, że to ty wtedy na Ryśka do Sowietów doniosłeś, a nie ten biedny Jakub Kac. Zawsze wiedziałem.

ZYGMUNT
Daj spokój, Heniek! Mam ci przypomnieć, za którą ty nogę Dorę trzymałeś, jak ją ruchaliśmy? I co się wtedy tobie w spodniach stało?

HENIEK
Nie poruszaliśmy tego tematu nigdy więcej.

ZYGMUNT
Nie zapominaliśmy też o innych kolegach z naszej klasy. Władkowi załatwiłem, żeby został Sprawiedliwym wśród Narodów, ale ponieważ to małżeństwo mu nie wyszło, ten młyn, który miał z niego zrobić milionera, podupadł, za dużo pił i trudno było mu pomóc.

WŁADEK
Zygmuś, pożycz stówkę, nie mam za co do pierwszego...

ZYGMUNT
Masz, Władziu, ale nie pij tyle, kurwa!

WŁADEK
Zygmuś, nie mogę spać po nocach... Jakub Kac do mnie przychodzi i Rysiek, Zygmuś, i Dora z Igorkiem, a ty możesz spać, Zygmuś, powiedz, możesz spać?

ZYGMUNT
Oddawaj stówę, debilu!

WŁADEK
Nie, Zygmuś, już dobrze, kurwa, śpij dobrze.

ZOCHA
Kiedy Lucy poszła do szkoły, wzięliśmy kredyt i kupiliśmy domek w New Jersey. I wtedy zdarzyło się nieszczęście. Nie wiem jak, odnalazł mnie Abram.

ABRAM
Zocha, masz tu papiery, podpisz, będzie z tego coś dobrego. Może jakieś pieniądze. To jest medal Sprawiedliwy wśród Narodów. Menachem to załatwił w Izraelu. Widzisz, nie wszyscy Żydzi są całkiem źli, niektórzy pamiętają i potrafią się nawet przysłużyć.

ZOCHA
I przysłużył się! Gazety napisały, że podczas wojny ukrywałam Żydów, i zaczęło się. Ratowałaś Żydów? Co zrobiłaś ze złotem? Spałaś z nim, ty żydowska kurwo!? Nawet jak umierał w szpitalu, nie chciał się pogodzić. Na pogrzebie dowiedziałam się, że jego ojciec był Żydem i zginął w Treblince. Wtedy naprawdę zgłupiałam.

MENACHEM
W 1967 roku powołano mnie do armii. Zostałem dowódcą bazy mechaniczno-remontowej. W randze kapitana.

ZYGMUNT
W końcu lat sześćdziesiątych poprzez organizacje kombatanckie zwróciłem się o ekstradycję Menachema. Nic z tego jednak nie wyszło, bo

okazało się, że Izrael nie wydaje swoich obywateli. A więc ten ubecki kat miał uniknąć zasłużonej kary?

MENACHEM

22 maja 1970 roku mój syn Jakub przy śniadaniu powiedział, że będą dziś w szkole mieli klasówkę na temat: kim jest mój ojciec? Kim ty właściwie jesteś, tato, zapytał. Jak wszyscy Żydzi, odpowiedziałem, jestem dziś żołnierzem. Dobra, powiedział, jak dorosnę, będę jak wszyscy Żydzi. O 7.45 Ruth odprowadziła Jakuba do autobusu szkolnego, który zabierał codziennie dzieci z naszego osiedla.

ZYGMUNT

Jurek uczył się znakomicie. Opanował dwa języki obce. Angielski i francuski. Na politechnice byli z niego bardzo zadowoleni. Jeszcze jako student wygrał konkurs na halę sportową. Na początku czerwca w przedterminie obronił dyplom i profesor Hryniewiecki zaproponował mu etat w swojej pracowni. Byłem z niego dumny i zafundowałem mu dwumiesięczny wyjazd do Francji, Włoch i Grecji. W lipcu i w sierpniu. W końcu czerwca wybrał się z kolegami nad Wigry na tygodniowy rejs żeglarski.

MENACHEM

O 8.10 w Avivim autobus został trafiony pociskiem z pancerfausta. Autobus eksplodował. Zginęło dziewięciu uczniów i dwóch nauczycieli, a dwudziestu czterech uczniów zostało ciężko rannych. Terroryści strzelali z kałasznikowów do dzieci, które próbowały ratować się z płonącego autobusu. Mój dziesięcioletni syn został trafiony, kiedy próbował ratować koleżankę.

ZYGMUNT

24 czerwca w południe nad Wigrami rozszalała się burza. Podobno nie trwała długo. Kilkanaście minut. Żaglówka, na której płynął Jurek i jego koledzy, wywróciła się i zatonęła. Koledzy jakoś dopłynęli do brzegu. Jurek nie.

ABRAM

24 czerwca w południe? Boże! Równo trzydzieści lat po tym, jak Zygmunt, Heniek i Rysiek zamordowali Jakuba Kaca na Rynku.

HENIEK

To był przepiękny, monumentalny pogrzeb. Wygłosiłem jedno z najlepszych kazań w moim życiu. O Abrahamie i Izaaku. Nie zesłałeś baranka, Panie! Izaak nie żyje! Czemu nas doświadczasz swym gniewem? Czemu drżą nasze serca? Taki młody chłopiec! Architekt! Z dyplomem. Z planami. Marzeniami. Nadzieja rodziców! Miał w Rzymie podziwiać Koloseum! W Paryżu Luwr! Akropol w Atenach! Panie, nie zesłałeś baranka, ale przecież pamiętamy, że baranek do nas przyszedł. I Ty jesteś tym barankiem!

MARIANNA
To było straszne. Nieludzkie. Nie mogłam tego słuchać.

WŁADEK
Trumna była zalutowana. Podobno twarz zjadły mu węgorze.

MENACHEM
Po pogrzebie Ruth powiedziała, że ciąży nade mną przekleństwo, i odeszła.

WŁADEK
Żona Zygmunta wylądowała w szpitalu wariatów w Choroszczy.

MENACHEM
Poprosiłem znajomego, żeby mnie skontaktował z wywiadem. Przyjął mnie podpułkownik. Powiedziałem, kim jestem i co robiłem w Polsce, i że to samo chciałbym robić z terrorystami, którzy zabili mojego syna. Odpowiedział, że dobrze wie, co robiłem w Polsce, bo ma w szufladzie dziesięć wniosków o ekstradycję. I że potrzebują, owszem, fachowców, ale nie zboczeńców. I żebym robił dalej, co tak dobrze robię, czyli naprawiał czołgi. Chyba że wolę wrócić do traktorów.

HENIEK
Zygmunt po śmierci Jurka zmienił się nie do poznania. Ten elegancki mężczyzna, który zawsze chodził w białym jedwabnym szaliku, wycofał się z życia publicznego i przeszedł na rentę. Całymi godzinami przesiadywał u mnie na plebanii, milczał i patrzył gdzieś. Bóg jeden wie gdzie. Palił tylko papierosa za papierosem. Kiedyś powiedział:

ZYGMUNT
Przesraliśmy to nasze życie, Heniek. Gdzie był Bóg?

MENACHEM
Tymczasem zaczęła się wojna Yom Kippur i Eretz Israel o mało nie przestał istnieć. To było wojna na technikę. Moje czołgi okazały się

staroświeckim szmelcem przy tych nowych sowieckich i amerykańskich rakietach. W końcu uspokoiło się trochę i ogłoszono pokój. Wróciłem do domu i nagle zrozumiałem, że mam pięćdziesiąt pięć lat i nic mnie już w życiu nie spotka. Wykąpałem się i ogoliłem, włożyłem czysty mundur, zamknąłem dokładnie dom, wsiadłem do samochodu, nabrałem w bazie wysokooktanowej benzyny i ruszyłem w stronę Masady. Szybko.

ABRAM
Yedioth napisał, że bordowy ford mustang jadący z niedozwoloną prędkością wypadł z autostrady, przekoziołkował, uderzył w drzewo, odbił się i eksplodował. Została po nim wypalona karoseria. I stopiony złoty zegarek Menachema. Nic więcej. Tysiącletniemu drzewu oliwnemu nic się nie stało.

HENIEK
Kiedy dowiedziałem się, że Zygmunt ma wylew, natychmiast udałem się do niego do szpitala. Miał wspaniałą opiekę. Zięć robił, co mógł, żeby go uratować! A ja czuwałem przy nim wraz z córkami dzień i noc.

WŁADEK
Tak, pilnował, żeby nie wygadał się przed śmiercią.

MARIANNA
Już ty tam wszystko wiesz.

HENIEK
Przed śmiercią stało się z nim coś dziwnego. Zaczął drżeć i rzucać się na łóżku. Z oczu leciały mu łzy.

WŁADEK
Na pomnik z czarnego marmuru wydali chyba całe zrabowane żydowskie złoto.

MARIANNA
A ty zazdrościsz?

HENIEK
Śmierć Zygmunta wywarła na mnie ogromne wrażenie. Memento Mori. Tak mogę określić swoją refleksję. Zrozumiałem, że w obliczu śmierci wszystkie nasze sprawy są małe i że w ostatecznym rachunku liczą się

tylko rzeczy wielkie: ojczyzna, honor, wiara. Jakby dla potwierdzenia tych moich myśli Bóg zesłał nam papieża Polaka i NSZZ Solidarność. Uznałem, że wybiła moja godzina. Organizowałem obozy, oazy, rekolekcje. Nie jakieś tam nudne i drętwe gadki. Podobnie jak Ojciec Święty, mój rówieśnik, Boga szukałem z młodzieżą w górach, na kajaku czy długiej nocnej rozmowie.

ZOCHA
W 1981 roku za Solidarności wykupiłam wycieczkę do Polski. Kupiłam parę porządnych ciuchów u Championa. I poleciałam. Boże, co to była ta wolna Polska! Ocet i cebula. Mieliśmy kilka dni wolnego, więc postanowiłam odwiedzić stare śmieci. Umówiłam się z jednym taksówkarzem, że mnie zawiezie za twenty dollars wszędzie, gdzie potrzeba. Kazałam się zawieźć do młyna. Do Marianny i Władka. Wyglądali jak jakieś dziady. Kłócili się bez przerwy. Kiedy Marianna wyszła na chwilę, Władek powiedział:

WŁADEK
Widzisz ten żydowski bajzel? Żeby nie ja, to by nas śmieci zasypały.

ZOCHA
A młyn?

WŁADEK
Nie opłaca się. Oddaliśmy za rentę.

ZOCHA
Kiedy Władek poszedł...

MARIANNA
Mówię ci, Zocha, żebym wiedziała, jakie to życie będzie, poszłabym do tej stodoły ze wszystkimi.

ZOCHA
Dałam Władkowi ten dollars. Kupił gdzieś wódki, kiełbasy, ogórków. Posiedzieliśmy. Pogadaliśmy. Powspominaliśmy. A co u Heńka?

WŁADEK
Od kiedy Polak został papieżem, bez kija nie podchodź! Karciarz! Złodziej! Pederasta!

MARIANNA
Przestań, Władek, jak możesz tak o księdzu mówić!?

ZOCHA
W końcu Władek upił się i poszedł spać. Zapytałam Mariannę, czy pojedzie ze mną na cmentarz?

MARIANNA
Co ty, Zocha, jeszcze ktoś zobaczy!

ZOCHA
Dałam jej ten dollars, pożegnałam się i pojechałam sama. Na miejscu stodoły leżał kamień z napisem: „Żandarmi i hitlerowcy spalili 1600 Żydów". Kirkut zarósł leszczynami. Weszłam na cmentarz i od razu natknęłam się na grób Zygmunta. Czarny marmur. Wielki płaczący Anioł. I napis: „Sędzio Sprawiedliwy, wejrzyj w dusze nasze!" Grobu Olesia i matki nie znalazłam. Kiedy wychodziłam, koło kościoła napatoczyłam się na Heńka. Pochwalony Jezus Chrystus.

HENIEK
Na wieki wieków! Zocha?

ZOCHA
Zocha...

HENIEK
Co Zochę przywiodło w nasze skromne progi?

ZOCHA
Chciałam odwiedzić grób Olesia i matki.

HENIEK
Zaprowadzę. I zaprowadziłem.

ZOCHA
Oba groby były zadbane. Czyściutkie. Kto to tak pamięta?

HENIEK
A moi harcerze.

ZOCHA
Wzruszyłam się. Co ksiądz, to ksiądz, pomyślałam, i dałam mu fifty dollars na mszę świętą za duszę Olesia i matki.

HENIEK
A kolegów z klasy? Ryśka, Zygmunta, Dory, Jakuba i Menachema?

ZOCHA
Wszystkich?

HENIEK
A czemu nie, Zocha?

ZOCHA
Mocno podbudowana wsiadłam do taksówki, kazałam się odwieźć do Warszawy i wróciłam do New York. Na dzieci nie miałam co liczyć. Kiedyś Lucy powiedziała do mnie, że zabiłam jej ojca. Postanowiłam się więc nie cackać. Sprzedałam dom razem z niezapłaconym jeszcze kredytem i wykupiłam sobie dożywotnie miejsce w „Domu Spokojnej Starości pod wezwaniem Świętej Teresy od Dzieciątka Jezus". To był komfort. Przepiękny pokój z łazienką i widokiem na cudowny park. Pięć razy dziennie posiłek. Smaczny. Lekarz. Fryzjer. Msza święta codziennie. Panie, z którymi modliłam się, oglądałam telewizję i grałam w pokerka, były bardzo miłe, ale coś nie lubiły Żydów. Jak Stan i Lucy odwiedzili mnie kiedyś, zapytały, czy jestem Żydówką, bo moje dzieci wyglądają na Żydów. Of course not, powiedziałam. Za to, żeby Stan i Lucy mnie odwiedzali, zamierzałam im płacić fifty dollars. Plus zwrot kosztów podróży. Umówiłam się więc z nimi, że będę im płacić co miesiąc po fifty dollars, żeby mnie nie odwiedzali, co mi się opłacało, bo odpadały koszty podróży. No i mogłam z paniami spokojnie grać w pokerka, oglądać telewizję i modlić się. I tak to zmarnowało się to życie.

ABRAM
Podobno Zocha nie obudziła się po jakichś pigułkach. Stan i Lucy podejrzewali, że została zamordowana, otruta, bo cały spadek przypadł dla zakonnic, ale sekcja zwłok nic takiego nie wykazała. Chociaż w latach dziewięćdziesiątych było tam jakieś śledztwo i ktoś jednak trafił do więzienia.

HENIEK
Za moją pracę i poświęcenie spotykały mnie same przykrości. Lubiłem brydża. As bierze raz. Trefelki kolorek niewielki. Co robiono ze mnie

w latach osiemdziesiątych? Karciarza, który w pokera przegrywa pieniądze wiernych. W latach dziewięćdziesiątych z kolei polskojęzyczna prasa pisała o mojej „słabości do rumianych ministrantów". Kiedy i to kłamstwo spełzło na niczym, świadkowie odwołali swoje zeznania, a biskup mianował mnie dziekanem, pojawiły się pogłoski o mojej rzekomej współpracy ze służbą bezpieczeństwa. Miałem donosić na Solidarność w zamian za ułatwienia budowlane! Ja! W roku 2000 wybuchła kolejna prowokacja. Tym razem oskarżono mieszkańców naszego miasteczka o mord na Żydach. Przez chwilę się wahałem. Poprosiłem o spotkanie biskupa i zapytałem o radę. Może częściowo się przyznać? Biskup dosłownie mnie skrzyczał. Oszalał ksiądz dziekan!?

WŁADEK
Zawsze wierzyłem, że prawda w końcu zwycięży. I przed śmiercią odegram jeszcze jakąś rolę. Kiedy przyszły do mnie media, podjąłem decyzję, że dam świadectwo prawdzie.

MARIANNA
Po co, człowieku? Nie dadzą nam żyć. Raz w życiu mnie posłuchaj.

WŁADEK
Powiedziałem, jak było naprawdę. Jakie kto miał korzyści. Nie pominąłem też swojej roli.

MARIANNA
Zrobił z nas Romea i Julię, a z siebie jedynego sprawiedliwego w Sodomie i Gomorze.

HENIEK
Dowiedziałem się, że głównymi informatorami naszych wrogów są Marianna i Władek. Udałem się do nich po kolędzie i mówię: Co wygadujecie?

WŁADEK
Bo to prawda, Heniek!

HENIEK
A co to jest prawda, Władek? Czyja i w jakim celu? Pomyślałeś? Zachciało się wam sławy na stare lata? Nie pomyślicie o tym, że tu, wśród tych ludzi, których teraz opluwacie, przyjdzie wam spocząć do dnia Sądu? A może nie chcecie spocząć przy głównej alei? Tylko gdzieś w krzaczorach?

WŁADEK
Miał już dwie chemioterapie i podobno znowu przerzuty. Powiedziałem: Nie wiadomo, kto pierwszy z brzegu, Heniek! Trzasnął drzwiami i wyszedł. Parę dni później „nieznani sprawcy" wybili nam okno.

MARIANNA
Kamień był zawinięty w kartkę z napisem: Jak nie zamkniecie mordy, to dokończymy, czego nie dokończylim.

WŁADEK
Muszę powiedzieć, że prawdziwych przyjaciół poznaliśmy w biedzie...

HENIEK
W nocy przyjechał do nich jakiś niemiecki samochód na warszawskich numerach z przyczepką i po ciemku wyjechali! Jak złodzieje!

WŁADEK
Zamieszkaliśmy w pensjonacie „Złota jesień" pod Warszawą. Nikt nie wiedział, że tu jesteśmy. Mieliśmy opiekę lekarską, śniadanie, obiad, kolację, telefon i telewizor z pięćdziesięcioma sześcioma kanałami...

MARIANNA
Łazienkę przede wszystkim. Wanna i prysznic osobno. Jak u wuja Mosze przed wojną. Po raz pierwszy od sześćdziesięciu lat zdjęłam z siebie chłopskie łachy, chustkę i wykąpałam się.

WŁADEK
Kłóciliśmy się o pilota.

MARIANNA
Władek chciał oglądać albo siebie, albo jakieś strzelaniny...

WŁADEK
Marianka bez przerwy gapiła się na filmy dokumentalne albo przyrodnicze. W dodatku po angielsku, straszne nudy...

MARIANNA
Na szczęście zaczął wyjeżdżać do lekarzy.

WŁADEK
To był rak płuc.

MARIANNA
Mówiłam, żeby tyle nie palił.

WŁADEK
Badali mnie specjaliści. Profesorowie. Nic nie dało się zrobić. Postanowiłem jednak dotrwać do sześćdziesiątej rocznicy i odsłonięcia nowego pomnika.

HENIEK
W telewizji zobaczyłem, że Władek pojawił się w miasteczku z okazji odsłonięcia pomnika, ale ani ja, ani moi parafianie nie wzięliśmy udziału w tym żenującym widowisku.

WŁADEK
Siedziałem w pierwszym rzędzie. Obok mnie prezydent, ambasador, burmistrz, posłowie, senatorzy, artyści.

HENIEK
Spotkałem za to mojego kolegę z dawnych lat, który jest rabinem w Nowym Jorku, Abramka Piekarza, obecnie Bakera.

ABRAM
Przyszedłem mu złożyć wizytę na plebanii.

HENIEK
Przyjąłem go serdecznie. Ze staropolską gościnnością. Były domowe ciasta. Pierniki. Torty. Nalewki. Kawa i herbata. Czem chata bogata.

ABRAM
Nie jadłem ze względu na cukrzycę.

HENIEK
Bardzo serdecznie pogawędziliśmy o dawnych czasach. O tym, jak przed wojną Polacy i Żydzi wspólnie uczyli się, pracowali i bawili, a ksiądz i rabin rozwiązywali wszystkie sporne problemy...

WŁADEK
Tak, ile mają dać Żydzi na budowę kościoła, żeby uniknąć w Wielki Piątek pogromu!

MARIANNA
Już przestań! Co było, a nie jest, nie bierze się w rejestr!

ABRAM
A powiedz mi, Heniek, kiedy Niemce i te polskie wyrzutki gnali Żydów do stodoły, czy prawda to, że nasz rabin szedł na czele z Torą? I błogosławił wszystkich: ofiary, katów i świadków? A w stodole, kiedy ją zapalili, zaśpiewał „Kiddush Hashem"?

HENIEK
Prawda, Abramie.

WŁADEK
Ucieszyłem się ze spotkania z Abramem. Po sześćdziesięciu sześciu latach. Zupełnie mnie nie poznał. Ale przywitał się serdecznie. Szkoda, że Heniek nie chciał się ze mną spotkać. Co by to było za spotkanie?! Trzech kolegów z klasy! Rabin, ksiądz i ja.

ABRAM
I oto na rynku wiekowy Rabin stał głodny i spragniony przez wiele godzin. Razem ze swoim ludem. I widział, jak maltretowano ludzi na ulicach. I hańbiono kobiety. I zabijano dzieci. I na koniec kazano mu iść w grupie, która dźwigała szczątki pomnika z napisami o Leninie, że wierzy w komunizm. Niech Bóg broni! I w ostatniej godzinie, popychany widłami i kijami nabitymi gwoździami, zamknięty został w stodole, gdzie w pełni świadomy – pamiętajcie – przygotowywał się na odprawienie berachy, błogosławieństwa „Kiddush Hashem", które wspomina w swojej modlitwie: „Będziesz kochał Boga swego całym swoim sercem, całym życiem, całą mocą". I to jest przesłanie dla Polski i całego świata, płynące z tej wspaniałej sprawy. Niech Ojciec Niebieski błogosławi wszystkich, którzy tu przybyli. Amen.

HENIEK
Oglądając to w telewizji, miałem mieszane uczucia.

WŁADEK
To było piękne kazanie. Wszyscy płakali. Ja też.

MARIANNA
Na początku nawet uroniłam łzę, kiedy to wszystko oglądałam w TVN-ie, potem jednak, kiedy Abram, siwiutki i starutki, zaczął opowiadać o sta-

rym rabinie w stodole, zupełnie jakby sam tam był, szybko przełączyłam się na Animal Planet, gdzie leciał wspaniały film o pingwinach.

WŁADEK
We wrześniu zaczęło mi się pogarszać.

MARIANNA
Kiedy zabierało go pogotowie, złapał mnie mocno za rękę i długo trzymał. Nic nie powiedział. Ja też nic nie powiedziałam. Bo i o czym było mówić?

WŁADEK
Dawali mi coraz więcej morfiny.

HENIEK
Nawroty choroby przyjąłem z pokorą i godnością. Odmówiłem przyjmowania środków przeciwbólowych. Żyłem dla Pana, cierpiałem i dla Niego teraz chciałem umrzeć. Kiedy jednak przyszedł prawdziwy ból, okazało się, że nie umiem go wytrzymać. Chciałem, ale nie mogłem. Zaczęto mi podawać narkotyk. Miałem sny na jawie. Okropne. Żydzi jak z kleju. Jakub Kac. Krawiec Eluś. Dora z Igorkiem. Czasem przychodził Zygmunt. Stał i nic nie mówił. Nie było dokąd uciekać. Boga nie było!

WŁADEK
Raz, nie wiem, czy to była jawa czy sen, przyszedł Rysiek. Chciałem powiedzieć: Rysiek, przepraszam, ale nie chciało mi to przejść przez gardło, bo co tu było do przepraszania, pomyślałem, muszę to dźwigać sam i powiedziałem tylko: Rysiek! A on nic nie powiedział, tylko podszedł do mnie i mnie objął. Zacząłem strasznie szlochać. Potem zobaczyłem, że przyszła matka. Z małą Dorotką na ręku. Mamo, powiedziałem i zacząłem jeszcze więcej płakać. I wtedy patrzę, ktoś jeszcze przyszedł, a to Heniek przyszedł.

MARIANNA
Pochowali obu tego samego dnia. Heńka przy głównej alei. Z pompą. Był biskup. Msza. Godzinę później Władka w krzaczorach. Obok matki. Ja nie pojechałam. Nie miałam siły. Zwłaszcza, że oba pogrzeby i tak pokazała TVN. O Władku wiele nie myślałam. Co miałam z nim przeżyć, przeżyłam. Był na pewno typowym Polakiem. Jeden piękny gest, a potem całe lata upokorzeń. Ale czy mogłam zapomnieć ten widok, kiedy tak pędził jak szalony na koniu, żeby uratować moje życie? Kiedy więc

zgłosiła się jedna fundacja z Warszawy, która ufundowała nam nagrobek z pięknego chińskiego lastriko z zapytaniem, czy chcę figurować na nim jako Rachela czy jako Marianna, bez wahania odpowiedziałam, że Marianna.

ABRAM

Droga Koleżanko z Klasy Rachelo Fiszman!
Piszę do Ciebie ja, Abram, Twój dawny kolega z klasy. Dowiedziałem się o Twój adres kiedy byłem w Polsce z okazji rocznicy męczeństwa. Rozmawiałem z Władkiem twoim mężem. Teraz dowiedziałem się, że Władek umarł i zostałaś sama. Moja grota na Mount Hebron Cemetery też już gotowa. Taki jest nasz los. Wszyscy niedługo stąd odejdziemy. Piszę do Ciebie, żebyś nie czuła się samotna na tym nierozumnym świecie.
Twój kolega z klasy – Abram Baker
P.S. Oglądałem ten film, na którym wystąpiłaś jeszcze z Władkiem. Ja też na nim wystąpiłem. Nic się nie zmieniłaś. A czy ja się bardzo zmieniłem? Dam Ci dobrą żydowską radę. Nigdy nie zgadzaj się na interview za mniej niż 200 dollars. Pamiętaj, jak Cię chcą, zawsze dadzą. Abram.

MARIANNA

Czas, kiedy zostałam sama z telewizorem z pięćdziesięcioma kanałami, był najszczęśliwszym czasem w moim życiu. Wolność. To słowo najlepiej oddaje moje uczucie. Okazało się na przykład, że wciąż rozumiem po angielsku, niemiecku, francusku. Czego jednak człowiek nauczy się w młodości, na zawsze zostaje. Oglądałam dosłownie wszystko. Seriale, teleturnieje, filmy fabularne i dokumentalne. Ulubione kanały? Discovery. Planet. BBC.

ABRAM

Droga Koleżanko Rachelo, czy dostałaś mój list?
Często myślę teraz o Tobie. Czy pamiętasz jak miałem moją bar micwa i jak ubrany pierwszy raz w talit i tefilin, czytałem mój kawałek Tory i wygłaszałem do niego komentarz? To było o Abrahamie i Icchaku w kraju Moria. Wiem, że byłaś wtedy w babińcu, ale nigdy o tym nie powiedziałaś.
W tym czasie wielu naszych kolegów straciło wiarę i odwróciło się od Boga, a mój przyjaciel Jakub Kac, z którym często wieczorem przesiadywaliśmy pod oknem Twojego pokoju i czekaliśmy, aż zgaśnie światło, wtedy nawet nie przyszedł do świątyni. A ja z myślą o nim powiedzia-

łem, że wiara jest najlepszą z rzeczy, które podarował nam Ten, w którego ręku spoczywa początek i koniec wszystkiego. I że to, co przydarzyło się Abramowi, Icchakowi i Sarze było tak straszne, że tylko wielka wiara może pozwolić człowiekowi przetrwać coś takiego i jeżeli jesteśmy tak głupi, że porzucamy wiarę, cokolwiek wtedy jest w naszym życiu, jest pozbawione sensu.

Bądź zdrowa, napisz, co dobrego i złego u Ciebie – Abram

PS. Jakie to dziwne było to nasze życie.

MARIANNA

Z łóżka wstawałam tylko na posiłki. I jeden spacerek w ciągu dnia. Niechętnie. Zwłaszcza od czasu, kiedy jakaś starucha zagadnęła mnie na spacerze, czy to ja jestem „tą" Żydówką. Postanowiłam wtedy, że nie będę więcej wychodzić na spacerki. Ani czytać listów. Raz tylko chciałam przeczytać list od Abrama, ale był napisany takimi małymi i koślawymi literkami, takie bazgroły, że odechciało mi się. Poza tym tyle się w tej telewizji działo. Najbardziej lubiłam filmy o zwierzętach. Chyba szukałam odpowiedzi na pytanie: jaki sens miało to życie? Szukałam i nie znajdywałam. Wśród ludzi. Wśród zwierząt znajdywałam.

ABRAM

Droga Rachelo, spotkało mnie nieszczęście. Zachorowała i umarła moja żona Deborah. W zeszłą niedzielę pochowaliśmy ją wszyscy na Mount Hebron. Cała moja rodzina, którą pobłogosławił mnie Pan.

Moi kochani synowie: Icchak, Jakub, Dawid i Sam.

I moje ukochane córki: Dora, Tyl i Hannah.

Moje wspaniałe synowe: Darryl, Zelda, Gina i Judy.

I moi doskonali zięciowie: Joe, Mickey i Adam.

Moje kochane wnuki: Abram, Percy, Thomas, Dave, Jake, Joseph, John, Ben, Simon, Sam, Ezra, Ilya, Zelig, Buster, Al, Allan, Moses, Jack, Marc, Dirk, Gary, Eliott, Dick, Tom, Noel, Gordon, Larry, Teddy i Bill.

I moje ukochane wnuczki: Debby, Lea, Miriam, Moly, Ava, Diana, Doroty, Sonia, Ester, Fay, Ann, Adela, Rita, Linda, Sheila i Dora.

Najukochańsze prawnuki: Abram, Jacob, Lester, Iwan i Omar, bliźniaki Czou i Czeng, kochane dziewczęta: Sara, Lily, Dora, Ann, Sonia i Li.

No i ten naj-najukochańszy łobuz Bencjon, który zagrał na klarnecie dla swojej babci, jak niegdyś jego wujeczny dziadek Bencjon (jakie niezbadane są wyroki Pana!) grał dla mnie, kiedy odjeżdżałem z naszego miasteczka.

Dziś usiadłem i piszę do Ciebie list, ponieważ przyszła mi do głowy taka myśl, że może spotkalibyśmy się? Może by Ty przyjechała do New York?

Poznała całą moją rodzinę, dla której jesteś bohaterką? Ja nie mogę
przyjechać do Polski, bo całkiem już nie chodzę.
Napisz kilka słów jak się masz?
Twój oddany kolega – Abram Piekarz.
PS. Błogosławię Cię z serca.

WSZYSCY
Jedna tylko jest gwiazda,
co się tułać nie chciała.
To jest Gwiazda Polarna,
nieruchoma i stała.

Zagubiony w ciemności
łatwo znaleźć ją zdoła:
w Wielkim Wozie połączyć
trzeba tylne dwa koła,

pięć długości odmierzyć...
Jasno świeci: to ona!
Patrząc w gwiazdę, poznajesz,
gdzie północna jest strona.

Spojrzysz w prawo, a ujrzysz
niezawodnie na wschodzie
tamto miejsce, gdzie słońce
jutro wzejdzie jak co dzień.

I już więcej nie zbłądzisz,
pójdziesz dalej bez strachu.
Tutaj północ, południe,
a tam wschód jest i zachód.

KONIEC

OD AUTORA: Inspirację i wiedzę czerpałem głównie z książek: *W czterdziestym nas matko na Sibir zesłali...* pod red. Ireny Grudzińskiej Gross i Jana T. Grossa (1983); *Sąsiedzi* Jana T. Grossa (2000), *Wokół Jedwabnego* pod red. Pawła Machcewicza i Krzysztofa Persaka (2002) i *My z Jedwabnego* Anny Bikont (2004), oraz filmów *Miejsce urodzenia* Pawła Łozińskiego (1992), *Shtetl* Mariana Marzyńskiego (1996) i *Sąsiedzi* Agnieszki Arnold (2001). Wszystkim w tym miejscu dziękuję. Wykorzystałem wiersze Marcina Wichy, któremu szczególnie dziękuję. Jagodzie Hernik Spalińskiej i Leonardowi Neugerowi dziękuję za istotne uwagi.

POSŁOWIE

LEONARD NEUGER

SPLOT. REFLEKSJE NAD „NASZĄ KLASĄ" TADEUSZA SŁOBODZIANKA

I

Skoro pierwszym słowem, jakie pada w samym tytule dramatu Tadeusza Słobodzianka, zatem zanim jeszcze cokolwiek zacznie się dziać na scenie, jest słowo „nasza", to na pewno będzie mowa o pewnej wspólnocie. „Osoby" dramatu urodziły się w polskim miasteczku między 1918 a 1920 rokiem. Mogły więc chodzić do tej samej klasy zbiorczej gdzieś od około 1927 roku. Musiała to być szkoła powszechna, bo uczęszczają do niej dzieci polskie i żydowskie, śpiewają te same piosenki, znają te same wiersze. Nawet naiwne marzenia mają podobne: albo zrealizować się w wąskich ramach awansu wyznaczonych przez „nasze" miasteczko, albo wpisać się w uniwersalne ramy wyznaczane przez nowoczesność. Albo marzyć o karierze strażaka, krawcowej, furmana, albo – o karierze nauczyciela, wojskowego, lekarza, artystki filmowej. Szkoła pełni tu funkcje scalające, to, co „nasze", stanowić ma rodzaj spoiwa łączącego, ba, niwelującego różnice. Pierwsza miłość ponad podziałami, rower jako obietnica doznania niezależnego od przynależności religijnej, rozrywka masowa (kino) jako pokusa „zakazanego" erotyzmu – oto nowoczesny uniwersalizm. Pojawiają się jednak pierwsze problemy związane z niedostępnością obiektów pożądania. I pierwsze, na razie zbywane, upokorzenia związane z tą niedostępnością. Uniwersalizm naszej klasy obejmuje też inne niepowodzenia i katastrofy, ale mogą się one pojawić tylko w formie żartobliwej, niejako językowo czy symbolicznie oswojonej: dziura w samolocie, gdzie „goście wypadają" – to tylko zabawa dziecięca (językowa), gdzie nic się złego nikomu nie dzieje. Na zagubienie w świecie najlepszym środkiem zaradczym jest Gwiazda Polarna, a Krzysztof Kolumb z dziecinną łatwością zdobywa Nowy Świat. Wiersze dla dzieci, rymowanki czy zabawy słowne, które Słobodzianek w poszczególnych scenach (Lekcjach) wykorzystuje, prawdziwa antologia polskiej poezji dla dzieci, dają się odczytywać jako coraz bardziej ironiczny kontrapunkt czy niszczący komentarz do tego, co na scenie się dzieje, i – zwłaszcza – do tego, co się wkrótce stanie. Ale dają się także odczytywać jako usilne próby oswajania świata, jako próby oddalenia katastrof i klęsk poprzez stworzenie uniwersalnej wspólnoty językowej, symbolicznej i społecznej: n a s z e j k l a s y. Jest to wspólnota ekstatyczna: momenty wyparcia, frustracje czy lęki „wybuchają" ekstatyczną zabawą, a kulminują w ekstatycznej zbrodni. Na razie wspólna zabawa w żydowskie wesele, w Lekcji II, jest jeszcze możliwa i nieszkodliwa. Po dokonaniu zbrodni wspólnota naszej klasy zmienia się we wspólnotę dochowania tajemnicy. Nie tylko zresztą w sensie prawno--etycznym. Dochowanie tajemnicy dotyczy także tego, co Osoby pragną ukryć przed sobą.

Słowo „nasz" cieszy się, zapewne od zarania ludzkości, nadzwyczajnym powodzeniem: zakreśla granice tożsamości, orzekając, kto i co do wspólnoty przynależy, a kto i co do niej nie przynależy; równocześnie stanowi dla niej niezbędny negatywny punkt odniesienia (obcy, wróg). Bez tego negatywnego punktu odniesienia to, co „nasze", byłoby wyjątkowo słabe, o ile w ogóle możliwe. Padają na ogół w tym kontekście wielkie słowa: kraj, naród, społeczeństwo i jego klasy, partie i stronnictwa polityczne czy wspólnoty wyznaniowe. Ale padają i słowa skromniejsze: rodzina, klub sportowy, organizacja, szkoła czy szkolna klasa. Nietrudno zauważyć, że zarówno w pierwszym, jak i w drugim wypadku wspólnoty mogą pozostawać ze sobą w konflikcie: kraj może być trawiony konfliktami narodowymi, społecznymi czy religijnymi, kibice klubów sportowych mogą staczać między sobą walki na śmierć i życie, a rodziny nieskonfliktowane należą do chlubnych wyjątków. Mało tego – to, co „nasze", stanowi nie tylko opozycję do tego, co „obce", ale uzurpuje sobie także prawo do zastąpienia „ja", do zastąpienia tego, co indywidualne. Krótko: „nasze" oferuje bezpieczeństwo, chroni przed obcym i własnym, a „chroni" oznacza tu tarczę broniącą przed naporem obcości, przed zagrożeniami płynącymi z zewnątrz, ale też zagrożeniami płynącymi od wewnątrz, ze strony wymykającego się wspólnocie „ja". Jest tarczą i kneblem. Jednym i drugim naraz.

Ale tytuł dramatu Słobodzianka ma jeszcze jedno znaczenie. Jak pamiętamy, początkowo oznacza on formalną czy administracyjną przynależność, po prostu dzieci zapisane do szkoły nieuchronnie lądują w jakiejś klasie. Potem, w miarę rozwoju akcji, ale też zgodnie z dość powszechnym doświadczeniem społecznym, ta formalna przynależność zostaje uwewnętrzniona, buduje tożsamość, jakieś „my" – społeczny i psychologiczny splot. Słobodzianek dokonuje tu bardzo istotnego przemieszczenia: „sąsiedzi" Agnieszki Arnold i Jana T. Grossa, zatem ludzie formalnie mieszkający niedaleko siebie, zostają przemieszczeni do innej wspólnoty i uzyskują inną tożsamość. Sąsiadów można zmieniać, sąsiedztwo nie stanowi ostatecznego zobowiązania, skoro sąsiadów można, niechby i z poduszczenia, rabować i zabijać. Jan T. Gross – profesor w Princeton – miał zapewne cały czas świadomość, że w języku angielskim „neighbors" znaczy i sąsiedzi, i bliźni (w sensie sakralnym), zatem miał świadomość, jakie zobowiązanie, nie tylko społeczne, ale i religijne, zostało w Jedwabnem, i nie tylko tam, złamane. Słobodzianek napisał swój dramat kilka lat po ukazaniu się książek Jana T. Grossa i Anny Bikont, po emisji filmów Agnieszki Arnold, po dyskusji nad tymi dziełami i po ukazaniu się książki IPN-u. Więcej: w *Naszej klasie* można dość łatwo odnaleźć ślady lektury tych książek i rozpoznać znajomość filmów. Jednakże to przemieszczenie uruchamia w dramacie ogromne i odmienne napięcia: przynależność do „naszej" klasy jest nieodwracalna. Sąsiadów można zmieniać, „nasza klasa" nie podlega wyborom. Można ją częściowo wypierać, usuwać z tego, co wypowiadalne, ale – i tu jest wielka siła dramatu Słobodzianka – splot „naszej klasy" im mocniej wypierany, tym silniej powraca. Nawet jeśli złamane zostały wszystkie zasady wpisane w taką przynależność, nawet jeśli kolegów pozbawiło się życia i mienia, nawet jeśli kolegów się torturowało. „Nasza klasa" nie jest wspólnotą fakultatywną, nie można jej sobie *post factum* wybrać. W *Naszej klasie* bohaterowie zmieniają ojczyzny i religie, nazwiska i języki, przywiązania i przekonania; na „klasę" są skazani za życia i po śmierci. *Nasza klasa* pokazuje przejmujący s p l o t: losów, okoliczności, zdarzeń. Z tego splotu nie ma wyjścia, nie można go po prostu rozpleść czy rozciąć. Tego nie mogą uczynić ani oni, ani my. Bo – w szerszej interpretacji – to jest także n a s z a klasa, n a s z splot. Poszczególne Lekcje oznaczają w sztuce nie tylko poszczególne jednostki nauczania szkolnego, ale i doświadczenia uczniów „naszej klasy", i to, czego na sobie doświadczyli, i pytanie o interpretacje (lektury, sposoby odczytań). Te ostatnie to już są nasze pytania: w miejsce tradycyjnych *dramatis personae* u Słobodzianka pojawiają się Osoby: ich imiona, nazwiska, daty urodzin i zgonu. Można to najpierw w lekturze przeoczyć, ale nie ulega wątpliwości, że od początku mamy do czynienia z trupami. Powie ktoś: jak w *Umarłej klasie* Tadeusza Kantora? Tak i nie. Obsesyjnie powracające w koszmarach sennych – zawsze obecnego na scenie Kantora – upiory kolegów z klasy, ofiar Zagłady, są czasem histerycznym, czasem melancholijnym sygnałem bezpowrotnej utraty. U Słobodzianka jest odwrotnie: to są upiory, których najchętniej chcielibyśmy się pozbyć. Utrata byłaby tu błogosławieństwem, które zostało nam odmówione.

II

Historycy zrobili swoje. Filmowcy, dziennikarze, prokuratorzy, sędziowie, politycy, moraliści – wszyscy zrobili swoje. A trupy są dotąd niepochowane. Prawda, literatura polska, polska świadomość specjalizuje się w trupach, i to mniej więcej od 1823 roku, kiedy to Adam Mickiewicz wpisał grzeszne dusze w obrzęd wyznawania i darowania win. I potem, aż po dzień dzisiejszy, trupy nawiedzają polską literaturę najwyższego lotu, a za nią także i film, choćby *Wesele* Andrzeja Wajdy, nakręcone na podstawie dramatu z 1901 roku. Zresztą trupy nie tylko w Polsce święcą triumfy. Weszły do klasyki żydowskiej, angielskiej, nie mówiąc już o Stevenie Kingu i Hollywood. Tyle że trupy w horrorze pojawiają się wtedy, gdy porządek świata, który został kiedyś naruszony, trzeba przywrócić. Czyli trupy pojawiają się po to, żeby ów porządek przywrócić i – zniknąć. Ale te polskie trupy zniknąć nie chcą. I nie są one tylko metafizyczne. Są przede wszystkim historyczne, co oznacza, że domagają się podjęcia – dotąd nieprzeprowadzonej – zbiorowej pracy żałoby.

Reżyserka filmowa Agnieszka Arnold nakręciła filmy dokumentalne *Gdzie mój starszy syn Kain* (1999) i *Sąsiedzi* (2001). Oba dotyczyły zbrodni na Żydach, jakiej dokonano w miasteczku Jedwabne na terenie dzisiejszej północno-wschodniej Polski. W wyniku tej zbrodni społeczność żydowska przestała w Jedwabnem istnieć, a zbrodni dokonali polscy współmieszkańcy („sąsiedzi"), i to w sposób wyjątkowo okrutny – większość Żydów została żywcem spalona w stodole. Filmy Agnieszki Arnold nie zbulwersowały opinii publicznej w Polsce tak bardzo jak książka Jana T. Grossa *Sąsiedzi. Historia zagłady żydowskiego miasteczka* z 2000 roku, wydana też po angielsku (*Neighbors: The Destruction of the Jewish Community in Jedwabne, Poland*, Princeton University Press, 2001). Wtedy historycy zabrali się do pracy, moraliści do moralizowania, a politycy do kajania czy złorzeczenia. Dlaczego? Ponieważ zasadniczym motywem momentami zaciekłej dyskusji, dyskusji o ogromnym zasięgu, było ustalenie winy. Wina zaś w Polsce, w kraju szczególnie przez historię doświadczanym, zawsze dotąd należała do wrogów: Niemców, Rosjan czy Szwedów. Zatem kto był tej zbrodni winny, kto powtórzył zbrodnię biblijnego Kaina? Pytania o winę zaangażowały Kościół, dziennikarzy, historyków, a zwłaszcza Instytut Pamięci Narodowej, skupiający prokuratorów i historyków. Jak widać, historia tej zbrodni rozgrywa się w dwóch różnych czasach: wtedy, kiedy jej dokonano, i współcześnie, około roku 2000. Zbrodni dokonano 10 lipca 1941 roku w Jedwabnem. Jest to chyba jedyna konstatacja, z którą się wszyscy zgadzają. Poza tym wszystko stało się przedmiotem zaciętego, najczęściej nierozstrzygalnego sporu. Fakt wymordowania Żydów był od 1945 roku znany, sprawcy zostali surowo ukarani, ale dopóki przypisywano go nazistom, liczba zamordowanych Żydow wynosiła 1600. W 2000 roku ta liczba uległa zasadniczej redukcji, a w wyniku badań (m.in. nieukończonej ze względów religijnych ekshumacji) przeprowadzonych przez IPN liczba ofiar została określona jako co najmniej 340, co oznacza, że mieści się i mieścić się będzie między owym „co najmniej 340" a około 2000 w przerażonych oczach świadków. Następnym pytaniem było, kto dokonał tej zbrodni. Sprawa jest i nie jest całkiem prosta. 17 września 1939 roku, zgodnie z paktem Ribbentrop-Mołotow, Armia Czerwona zajęła te tereny. Ludność, jak to zwykle bywa, witała armię okupacyjną uroczyście, co niekoniecznie znaczy szczerze. Niezadługo zaczął się terror stalinowski, deportacje, morderstwa, sowietyzacja, a zgodnie ze stereotypem jeszcze przedwojennym i mocno przez Kościół katolicki i nacjonalistów na tych terenach propagowanym – Żydów uważano za sprzymierzeńców komunizmu. W 1941 roku Niemcy napadli na Związek Radziecki i tereny Jedwabnego znalazły się pod ich okupacją, i wtedy doszło do tej zbrodni. Zatem co do odpowiedzialności kontrowersji być nie może: bez poduszczenia i przyzwolenia nazistów do zbrodni pewnie by nie doszło. Ale bezpośredni udział Niemców w tej zbrodni był znikomy, żadnych oddziałów niemieckich na jej miejscu nie było, zatem nie można tu mówić o sterroryzowaniu mieszkańców, już prędzej o prowokacji. Przerażenie budzi okrucieństwo i rozmiar zbrodni. Owego straszliwego dnia najgorliwszych kolaborantów, zresztą nie tylko Żydów, także okrutnie zabito. Wygląda na to, że w zasadzie nie próbowano ratować żadnego Żyda. Poza kobietą, która po konwersji na katolicyzm wyszła za mąż za jednego z mieszkańców, i siedmioma Żydami uratowanymi przez p. Wyrzykowskich. W sumie przeżyło wojnę kilkunastu Żydów z Jedwabnego.

Dochodzenie winy, jak widać, niezbędne i wstrząsające, zaowocowało wszechstronną i rzetelną książką wydaną przez IPN (Wokół Jedwabnego, red. Paweł Machcewicz i Krzysztof Persak, t. 1: Studia, s. 525, t. 2: Dokumenty, s. 1034). Wszystkich „sprawa Jedwabnego" dotknęła do żywego: mieszkańcy Jedwabnego poczuli się zaszczuci i skrzywdzeni, orędownicy zbiorowej ekspiacji za tę zbrodnię – urażeni przejawami antysemityzmu w dyskusji, jej brutalnością i brakiem wrażliwości na męczeństwo Żydów, Kościół – zbyt generalizującymi atakami na jego rolę na tych terenach, nacjonaliści – niedocenieniem martyrologii ofiar stalinizmu i bohaterstwa tych, którzy, choć w zbrodnię wmieszani, z okupacją sowiecką walczyli. Owszem, winni tej zbrodni zostali tuż po wojnie surowo ukarani, ale przesłuchiwanych terroryzowano i bito, a procesy były niechlujne, pośpieszne i nieobiektywne. Anna Bikont opisała w książce *My z Jedwabnego* (2004) procesy społeczne, polityczne i psychologiczne, jakie „sprawie Jedwabnego" towarzyszyły. Zaszło wtedy bowiem coś bardzo ważnego w mentalności polskiej: oto po wielu latach milczenia, milczenia ofiar, sprawców, świadków i milczenia w kwestii własnej tożsamości – Polacy zaczęli mówić. Ze strefy milczenia powychodziły z niesłychaną siłą stłumione lęki, cierpienia, poniżenia i frustracje. Powychodziły z szafy niedające się już schować trupy. Bikont w swojej książce opisuje niektóre z nich, także w planie osobistym. Jedwabne stało się, chcąc nie chcąc, metaforą całej Polski.

Słowo, raz uwolnione, nie powróci już do strefy milczenia. Jednak powtarzane w kółko, zmuszane do przyznawania racji i wymierzania kary, poszukujące winnych, poszukujące usprawiedliwień i potępień, zaczyna samo siebie zagłuszać i krzepnąć w stereotypach. Historycy, prokuratorzy, dziennikarze, politycy itd. powiedzieli już (swoje) wszystko. Racje zostały przyznane, winy uznane, słowa wypowiedziane, diametralne różnice zdań utrwalone. Pozostaje jednak stale rosnąca reszta: niewypowiedzianego, spoza horyzontu winy i kary, spoza horyzontu tego, co się mieści w głowie. U Słobodzianka nazwa miejscowości Jedwabne nie pada, zresztą nie tylko na materiale Jedwabnego *Nasza klasa* bazuje i nie tylko Jedwabnego dotyczy. Za to trupy nie spuszczają nas z oka. I mówią. Nie oskarżają i nie żalą się na swój los. Opowiadają rzeczy straszne, ale dla trupów straszne one nie są, dla nich już na niesamowitość jest za późno. Mało tego, nie mogą opuścić sceny (czyli nas), bo związani są ze sobą na zawsze. Związani są historią, która ich nie chce opuścić, losem, który ich związał za życia, przeciw życiu i po śmierci. Takie ubezwłasnowolnienie przez los, który jest nieuchronny, nieubłagany i wywołuje wstrząs samorozpoznania u widza, taki horror, który porządku przywrócić nie jest w stanie, nazywamy tragizmem.

III

Zapewne nie wszyscy się zgodzą na takie, wyzute z win i kar w sensie prawnym i etycznym, rozumienie tragizmu. W rzeczy samej, Edyp, ów klasyczny przykład tragizmu, zabija swego ojca, bierze za żonę swoją matkę, płodzi z nią dzieci, po czym sam wszczyna śledztwo, nie mając pojęcia, że wszczyna je przeciw sobie; śledztwo uwieńczone paradoksalnym czy tragicznym sukcesem: wykrywa i rozpoznaje winowajcę, siebie samego, i sam sobie wymierza karę. W takim antycznym sensie, po skrajnych doświadczeniach Zagłady i Gułagu, po doświadczeniach II wojny światowej, o tragizmie mowy być nie może. Także to, o czym w *Naszej klasie* opowiadają Osoby, tragiczne nie jest; zbiorowy gwałt, okrutne morderstwo, rabunek, tortury – nieświadomymi nie były. Także zbrodnie ubeckie, niechby początkowo były odwetem, nieświadome nie były. Owszem, w bliższym lub dalszym tle majaczą naziści i komuniści, ale to za mało, by móc mówić o przymusie, by zdjąć odium z winowajców. Zatem jak najbardziej podpadają pod kategorie winy i kary. Rzecz w tym, że sztuka Słobodzianka wcale się na tym nie koncentruje, choć pytania o odpowiedzialność stanowią jeden z biegunów *Naszej klasy*. Natomiast bardzo jest ona bliska innemu aspektowi tragizmu, mianowicie pojęciu przekleństwa losu. Podlegają mu wszyscy, którzy te traumatyczne zdarzenia przeżyli, nawet ich potomkowie, i to bez względu na to, czy za zbrodnie zostali ukarani czy nie, czy zbrodnie popełnili czy nie. Cały ten splot wydarzeń rzuca straszliwy cień na wszystko, cokolwiek robią, zatruwa owoce ich pracy, ich życie i życie ich najbliższych. U Greków przekleństwo losu (fatum) wiązało się z wyrokiem bogów. Wskazywało na zbrodnię początkową, tę, za którą bogowie karzą winowajców i całe pokolenia ich potomków. Tradycje judeochrześcijańskie takiego pojęcia fatum, ze względów oczywistych, nie mają. Znają jednak pojęcie klątwy, przekleństwa, wyklęcia – do czego odwołała się w swoim filmie Agnieszka Arnold (Kain). Dotyczą one wtedy zawsze religii instytucjonalnej, a tę w *Naszej klasie* można tak czy inaczej oszukać. A jednak Słobodzianek wskazuje wyraźnie na zbrodnię początkową, pewnie dlatego pierwsze Lekcje, jako ją poprzedzające, są wolne od winy, beztroskie. Tak pojmowane fatum czy przekleństwo zdejmuje z winowajców jakąkolwiek odpowiedzialność w takim sensie, że cokolwiek by w danej sytuacji uczynili, muszą ponieść klęskę. Ba, ale, pomimo skazania na klęskę, nie jest przecież obojętne, co czynią.

U Słobodzianka, jak u Greków, przekleństwo rozszerza się na wszystkich uczniów „naszej klasy" (także na ich potomków), poza jednym wyjątkiem: Abrama Bakera, czy jak się przed wyjazdem do Ameryki nazywał – Abrama Piekarza. On jeden zachowuje prawie do końca solidarność z klasą, systematycznie śle z Ameryki listy, stara się pomóc kolegom. Wybiera powołanie kapłańskie, jest rabinem. Jego piękne listy, pisane, ze względów oczywistych, coraz bardziej archaiczną polszczyzną, dokonują szczególnej próby opowiedzenia na nowo tego, co się zdarzyło.

Więcej, on jeden jest założycielem iście biblijnego rodu, on jeden wychylony jest w przyszłość, jego i jego rodziny wina nie dotyczy, a przekleństwo się nie ima. Ale jego zsakralizowane słowo nie jest w stanie unieść tych wydarzeń, ba, fałszuje te wydarzenia. Być może to jest właśnie jego przekleństwo: ta historia nie mieści się w jego obrazie świata, w jego „wszystkim". Rzecz znamienna, że pod koniec dramatu rabin Abram znajdzie porozumienie – jeśli chodzi o okoliczności śmierci rabina w stodole – właśnie z księdzem Heniem. Owszem, wiemy, że Heniek kłamie, ale prawda dostępna dla Abrama i bliska księdzu jest prawdą alegorii: przeniesienia zdarzenia z trywialnej historii świeckiej w najwyższą sferę sakralną.

I tak oto przekleństwo stanowi drugi biegun w sztuce. Ten właśnie biegun – przekleństwa losu – czy inaczej, nieusuwalnych upiorów, jest wyrazem tragizmu. Pierwszy biegun – winy – nie zna wybaczenia (choć dysponuje karą). Drugi – wybacza wszystko. *Nasza klasa* próbuje się jednak z obu biegunów wywikłać.

Łączy się to z tym, co Słobodzianek w podtytule dramatu nazywa „Historią". Historia znaczy tutaj dzieje pewnej klasy, indywidualne losy poszczególnych Osób, opowieść o tym wszystkim (w swym staropolskim znaczeniu), ale znaczy także – w najszerszym zakresie – historię naszą, s p l e c i o n ą z dziejami i losami Osób. Jest to zatem splot historyczny, społeczny i psychologiczny, który „każe" Osobom wciąż i wciąż powracać do opowieści, nigdy pełnych, skończonych, ale zawsze zazębiających się. Spoza przestępczych i tragicznych zdarzeń (oba bieguny tych historii) wyłaniają się splecione z nimi historie miłości, zdrad, a przede wszystkim niespełnionych zobowiązań. Tych, dla których totalitaryzmy nie mogą już być dostatecznym usprawiedliwieniem.

Fotografia na okładce i stronie 5: Ephim H. Jeshurin Collection,
za: Lucjan Dobroszycki, Barbara Kirshenblatt-Gimblett, *Image Before
My Eyes. A Photographic History of Jewish Life in Poland,
1864–1939*, Schocken Books, New York 1977.

Projekt graficzny: Stanisław Salij
Redakcja: Maria Szoska
Korekta: Piotr Sitkiewicz
Skład: Maciej Goldfarth
Druk i oprawa: Grafix. Centrum Poligrafii, Gdańsk

© Tadeusz Słobodzianek
© wydawnictwo słowo/obraz terytoria
© Fundacja Sztuka Dialogu

Wydanie pierwsze, Gdańsk 2009

słowo/obraz terytoria sp. z o.o.
al. Grunwaldzka 74/3, 80-244 Gdańsk
tel. (058) 341 44 13 fax (058) 520 80 63
e-mail: slowo-obraz @terytoria.com.pl

www.terytoria.com.pl

ISBN 978-83-7453-956-2